「なにを書けばいいか
わからない…」
が解決！

こども
文《ぶん》章《しょう》力《りょく》

齋藤 孝

KADOKAWA

はじめに

文章《ぶんしょう》を書《か》くのが苦手《にがて》……っていう気持《きも》ち、よくわかるよ。何《なん》冊《さつ》も本《ほん》を出《だ》していても、いまだに「書《か》くのがツライなあ」と思《おも》うことがあるからね。

どうして書《か》くのがツライんだろうと考《かんが》えてみたら、書《か》くことは〝山登《やまのぼ》り〟に似《に》ているからだと気《き》づいたんだ。山登《やまのぼ》りは、自分《じぶん》の足《あし》で一歩《いっぽ》一歩《いっぽ》進《すす》んでいくもの。一度《いちど》に十歩《じっぽ》進《すす》んだりすることはできないよね。

それに対《たい》して、文章《ぶんしょう》を「読《よ》むこと」は、慣《な》れてくるとサーッとスキーですべるように進《すす》んでいく。そうなると、ツラくはないよね。

この本《ほん》では、山登《やまのぼ》りに似《に》た「書《か》くこと」を、できるだけ楽《たの》しく、できるだけラクにして、「書《か》くのが苦手《にがて》……」から「よし、書《か》ける！」になることを目指《めざ》しているよ。

「何《なに》を書《か》けばいいのかわからない」というところでつまずいている人《ひと》は、「こんなことを書《か》けばいいんじゃない？」「こんなこと、

あったんじゃない？」と横《よこ》からアドバイスされると「あ、それなら書《か》ける！」と思《おも》うよね。

この本《ほん》は、そんなふうにキミのそばでアドバイスをするコーチのような存在《そんざい》なんだよ。

パソコンやメールでのやりとりが多《おお》くなっている今《いま》、手書《てが》きの文章《ぶんしょう》は少《すく》なくなったけれど、文章《ぶんしょう》を書《か》く機会《きかい》は増《ふ》えていると言《い》ってもいい。SNS《エスエヌエス》も、文字《もじ》をやりとりする手段《しゅだん》だからね。

今《いま》は、「書《か》くのが苦手《にがて》」と言《い》っていられない時代《じだい》なんだ。

文章力《ぶんしょうりょく》は、テストのためだけに身《み》につける力《ちから》ではないよ。いい文章《ぶんしょう》、自分《じぶん》の気持《きも》ちを的確《てきかく》に表現《ひょうげん》できる文章《ぶんしょう》が書《か》けると、「そんなつもりじゃなかったのに」ということがなくなって、ほかの人《ひと》にもキミのことをちゃんと理解《りかい》してもらえるんだ。

気持《きも》ちをラクにして、どんどん文章《ぶんしょう》を書《か》いていけば、きっと上手《じょうず》になるよ。

さあ、たくさん書《か》いて、キミだけの文章《ぶんしょう》に出会《であ》おう！

第《だい》1章《しょう》 テーマのある作文《さくぶん》を書《か》こう！

第《だい》2章《しょう》 自分《じぶん》でテーマを決《き》めて書《か》く

第《だい》3章《しょう》 中学校《ちゅうがっこう》受験《じゅけん》に役立《やくだ》つ作文《さくぶん》必勝法《ひっしょうほう》！

第《だい》4章《しょう》

いろいろな文章《ぶんしょう》の書《か》き方《かた》

ブックデザイン―菊池祐（ライラック）
イラスト――――さち
ＤＴＰ――――今住真由美（ライラック）
編集協力―――佐藤恵

第《だい》 1 章《しょう》

テーマのある作文《さくぶん》を書《か》こう！

作文《さくぶん》「夏休《なつやす》みの思《おも》い出《で》」

「夏休《なつやす》みっていったって、特《とく》に作文《さくぶん》に書《か》くようなことはないよー！」と言《い》うキミ。作文《さくぶん》を書《か》くための準備《じゅんび》から、実際《じっさい》に文章《ぶんしょう》を書《か》くところまで、やってみよう！

ポイント 心《こころ》の動《うご》きと変化《へんか》が大事《だいじ》

作文《さくぶん》に書《か》く内容《ないよう》は……、

ズバリ、

「キミの心《こころ》が動《うご》いたこと」

「キミに起《お》こった変化《へんか》」

「そんなのないよ」と思《おも》うかもしれないけれど、気《き》づいていないだけで、必《かなら》ずある！

え〜っ?!　何《なに》したかなあ。カレンダーを見《み》て、思《おも》い出《だ》してみようっと。

あっ！　そういえば、親戚《しんせき》の叔母《おば》さんが、おいしいお菓子《かし》を送《おく》ってくれた！

ベスト3をピックアップ！

ステップ 1

夏《なつ》休《やす》みの出《で》来《き》事《ごと》の中《なか》で、キミにとってのベスト3を挙《あ》げてみよう！

1位《い》

おばあちゃんが遊《あそ》びに来《き》たのは、楽《たの》しかったなー。

2位《い》

ショッピングモールでかわいい犬《いぬ》に会《あ》ったんだ！

3位《い》

海外旅行《かいがいりょこう》に行《い》ったとかいう大《おお》きな出来事《できごと》でなくてもいいんだよ。キミにとってのベスト3だからね。ただ、いつもしていることではなく、**この夏休《なつやす》みだからやったこと**を選《えら》んでみよう。

「聞《き》いて聞《き》いて！」を書《か》き出《だ》そう！

ステップ 2

①で挙《あ》げた三《みっ》つの中《なか》から、「これを作文《さくぶん》に書《か》きたい！」と思《おも》うものを一《ひと》つにしぼろう。そして、そのことについて「ねえ、聞《き》いて聞《き》いて！」と話《はな》したくなることを書《か》き出《だ》してみよう。

作文《さくぶん》に書《か》くのはこのテーマ！

「ねえ、聞《き》いて聞《き》いて！」

ポイント

思《おも》わず話《はな》したくなることが重要《じゅうよう》

たとえば、「おばあちゃんが来《き》たこと」だとしたら、こんなふうになるかな。

「おばあちゃんが来《き》たこと」

←

- おばあちゃんがスマホを買《か》い替《か》えるから、いっしょにお店《みせ》に行《い》ったんだ！
- そこで、新《あたら》しい機種《きしゅ》がいっぱいあって、そのちがいを聞《き》いたのがおもしろかったよ！
- おばあちゃんがわからないことを説明《せつめい》してあげたら、よろこんでた！

ステップ 3

キミの心《こころ》が動《うご》いたことは？

②の「聞《き》いて聞《き》いて！」の中《なか》で、キミの心《こころ》が動《うご》いたのはどんなことかな？
それについてもう少《すこ》し詳《くわ》しく思《おも》い出《だ》してみよう！

ポイント

自分《じぶん》の気持《きも》ちの変化《へんか》に向《む》き合《あ》おう！

前《まえ》のページの例《れい》だと心《こころ》が動《うご》いたことはこんなふうになるかな。

新《あたら》しい機種《きしゅ》がいっぱいあって、そのちがいを聞《き》いたのがおもしろかった。

おばあちゃんが「代《か》わりに聞《き》いて」って言《い》ったから、いろいろ聞《き》いたんだ！
前《まえ》のと比《くら》べたり、何《なに》ができるとかできないとかを説明《せつめい》してくれて、**わかりやすかったなあ。**

おばあちゃんがわからないことを説明《せつめい》してあげたら、よろこんでた。

店員《てんいん》さんにおしえてもらったことをおばあちゃんに言《い》ったら、おばあちゃんは「すごくわかりやすい」って言《い》ってくれたんだ。
なんだか自信《じしん》がついたなあ。

どんなふうに心《こころ》が動《うご》いた？

ステップ 4

例文《れいぶん》を読《よ》もう！

そっか！
こういう書《か》き出《だ》しがいいんだ。
ちょっとノッてきた！

まずはじめに、「だれと」「何《なに》をした」と書《か》いて、何《なに》について書《か》くかをはっきりさせておくことが大事《だいじ》！

「夏休《なつやす》みの思《おも》い出《で》」

三年《さんねん》二組《にくみ》　山田朝日《やまだあさひ》

夏休《なつやす》みに入《はい》ってすぐ、おばあちゃんが遊《あそ》びに来《き》ました。おばあちゃんは仕事《しごと》をしていて、スマートフォンを使《つか》っているのですが、調子《ちょうし》が悪《わる》くなったから買《か》い替《か》えたいと言《い》いました。

「いっしょにお店《みせ》に来《き》て」と言《い》われたので、ついて行《い》きました。

店員《てんいん》さんが来《き》て、「どんな機種《きしゅ》にしますか？」と聞《き》いたのですが、おばあちゃんはよくわからないと言《い》って、代《か》わりにわたしが話《はなし》を聞《き》くことになりました。

はじめはむずかしかったけど、今《いま》までの機《き》種《しゅ》と比較《ひかく》して説明《せつめい》してくれたり、できることとできないことを順番《じゅんばん》に説明《せつめい》してくれたりしたので、だんだんとわかるようになりました。

そして、おばあちゃんに、「こっちは〇〇ができて、こっちは△△ができるんだよ」とおしえてあげました。すると、「料金《りょうきん》はどうちがうの？」と聞《き》かれたので、また店員《てんいん》さん

いいね！

「むずかしい」と思《おも》っていたけれど、説明《せつめい》を聞《き》くことで「だんだんとわかるようになった」という、変化《へんか》が書《か》かれていて、いいね！

いいぞ、
その調子《ちょうし》！

おばあちゃんの言葉《ことば》を書《か》くと、読《よ》む人《ひと》にも伝《つた》わるね。

「うれしかった」という心《こころ》が動《うご》いたことは忘《わす》れずに書《か》こう！


ふだんのお母《かあ》さんの言葉《ことば》を思《おも》い出《だ》したのは、大《おお》きな気《き》づき。気持《きも》ちの変化《へんか》の一《ひと》つだね。


に聞《き》いてみました。

　店員《てんいん》さんは、料金《りょうきん》はコースごとにちがうと言《い》って、今度《こんど》はコースごとの料金《りょうきん》について、表《ひょう》を見《み》せながら説明《せつめい》してくれました。

　お母《かあ》さんがいつも、「携帯《けいたい》の料金《りょうきん》が高《たか》い」と言《い》っているのですが、店員《てんいん》さんの説明《せつめい》を聞《き》いて、コースの選《えら》び方《かた》がまちがっているんだと気《き》づきました。


　おばあちゃんは、仕事《しごと》でもよく携帯《けいたい》を使《つか》うから、メールも電話《でんわ》も一定《いってい》の料金《りょうきん》になるコースがいいんじゃない？とアドバイスしました。

　機種《きしゅ》は、じっさいにおばあちゃんがさわって、使《つか》いやすさと好《す》きな色《いろ》で決《き》めました。

　買《か》ったあと、おばあちゃんは、「機種《きしゅ》のちがいと料金《りょうきん》のことを、それぞれわかりやすくおしえてくれたから、混乱《こんらん》しないですんだわ」とよろこんでくれて、うれしかったです。

　わからないことでも、プロの人《ひと》の説明《せつめい》をしっかり聞《き》いて理解《りかい》して、一《ひと》つずつ伝《つた》えればわかってもらえると、自信《じしん》がつきました。


いいね！

「わからないと思《おも》ったことでも説明《せつめい》できて自信《じしん》がついた」という変化《へんか》。これが作文《さくぶん》のカギだよ！　この出来事《できごと》がある前《まえ》と後《あと》で、確実《かくじつ》に変化《へんか》が起《お》こっている。そんな〝ビフォー・アフター〟が書《か》けると、いい作文《さくぶん》になるよ！

じっさいに書《か》いてみよう！

ステップ 5

1～3で整理《せいり》したことをもとに「夏休《なつやす》みの思《おも》い出《で》」の作文《さくぶん》を書《か》いてみよう。

よし、やるぞ！
最初《さいしょ》は何《なに》について書《か》くか、はっきりさせられるといいね！

心《こころ》が動《うご》いたことは、忘《わす》れずに書《か》こう。そうすることで、キミにしか書《か》けない作文《さくぶん》が完成《かんせい》するよ！

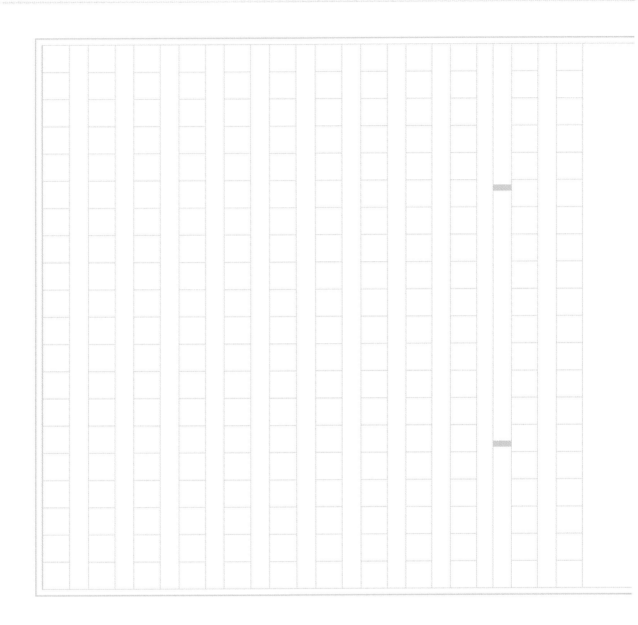

課題《かだい》

2

「日記《にっ》を書《か》く」

学校《がっこう》では、日記《にっき》を書《か》くという課題《かだい》が出《で》るよね。毎日《まいにち》書《か》くのはたいへんだけど、コツをつかめば大丈夫《だいじょうぶ》！

「日記《にっき》に書《か》くことなんて、何《なに》もないよー」と思《おも》っていないかな？

そんなはずはない！　毎日《まいにち》何《なに》かしらの行動《こうどう》をして過《す》ごしているんだから、「何《なに》もない」ことはないんだ。

日記《にっき》は、「したこと」を思《おも》い出《だ》すところからスタートだよ。

ポイント

「心《こころ》の動《うご》き」に敏感《びんかん》になろう！

日記《にっき》は、「事件《じけん》（外側《そとがわ》で起《お》きたこと）」よりも、「心《こころ》の動《うご》き（キミの内側《うちがわ》で起《お》きたこと）」を書《か》くのが大事《だいじ》だよ。

心《こころ》が動《うご》くときは、「いいこと（うれしい、楽《たの》しい）」「悪《わる》いこと（悲《かな》しい、ツラい）」の両方《りょうほう》があるよね。どちらを日記《にっき》に書《か》くにしても、「なぜ、自分《じぶん》はそんな気持《きも》ちになったのか」を思《おも》い出《だ》せるようにしておくといいね。

「したこと」を思《おも》い出《だ》そう！

ステップ 1

今日《きょう》一日《いちにち》の中《なか》で、キミが「したこと」を思《おも》い出《だ》して、カッコに「何《なに》を」「どこに」「だれに」を書《か》いてみよう。

（　　　　　）を見《み》た

（　　　　　）を食《た》べた

（　　　　　）に会《あ》った

（　　　　　）に行《い》った

（　　　　　）と遊《あそ》んだ

（　　　　　）と話《はな》した

（　　　　　）でうれしかった

（　　　　　）を聞《き》いた

（　　　　　）で笑《わら》った

（　　　　　）で落《お》ち込《こ》んだ

（　　　　　）で泣《な》いた

（　　　　　）におどろいた

そっか！　特別《とくべつ》な
出来事《できごと》を書《か》こうと
しないで、まずは
「したこと」を挙《あ》げて
いくのが大事《だいじ》なんだ。

何《なに》を書《か》けばいいかで悩《なや》んで、
いつもえんぴつが
止《と》まっちゃうんだなあ。
あんまりむずかしく考《かんが》えずに、
一日《いちにち》をふり返《かえ》ってみれば
いいのかもね。

一《ひと》つ選《えら》んで「!」を見《み》つけよう!

ステップ 2

❶で書《か》き出《だ》した中《なか》から、日記《にっき》に書《か》くことを一《ひと》つ選《えら》ぼう。そして、そのことをもう少《すこ》し詳《くわ》しく思《おも》い出《だ》して、その出来事《できごと》でキミが「あっ!」と思《おも》ったことを書《か》いてみよう。

出来事《できごと》

もう少《すこ》し詳《くわ》しく……

↓

あっ!

「あっ!」と思《おも》ったことくらいなら、なんかあるかも。「意外《いがい》においしい!」とか「ヘン顔《がお》で爆笑《ばくしょう》した」とかでもいいんだもんね。

ポイント

日常《にちじょう》の「!」を探《さが》そう

日記《にっき》は、日常《にちじょう》のことを書《か》くから、そんなにおもしろくならないと思《おも》っているかもしれない。

でも、小《ちい》さいことでもいいから「!」を探《さが》して、それを書《か》いてみよう。

「!」は、言葉《ことば》にすると「**あっ!**」だね。

それが**心《こころ》の動《うご》き**だよ。

たとえば、こんなふうに！

ステップ 3

①・②で「テストの点数《てんすう》が悪《わる》くて落《お》ち込《こ》んだ」という出来事《できごと》を選《えら》んだとすると、こんな日記《にっき》になるよ。

出来事《できごと》

テストの点数《てんすう》で落《お》ち込《こ》んだ。

あっ！

はじめの方《ほう》のカンタンな計算《けいさん》をミスしてた！

昨日《きのう》のテストはちょっと自信《じしん》があった。特《とく》にわからない問題《もんだい》はなかったし、楽勝《らくしょう》だと思っていた。でも、今日《きょう》テストが返《かえ》ってきたら65点《てん》?! はじめの方《ほう》の計算問題《けいさんもんだい》でまちがっていた。ショックだった。数字《すうじ》をかんちがいしたまま計算《けいさん》するのは今《いま》までもたまにあって、悪《わる》いくせが出《で》たなあと落《お》ち込《こ》んでしまった。

じっさいに書《か》いてみよう!

ステップ 4

❶・❷で書《か》いた内容《ないよう》をもとに、今日《きょう》の日記《にっき》を書《か》いてみよう!

月《がつ》　日《にち》　曜日《ようび》

今日《きょう》は、

日記《にっき》で大事《だいじ》なのは、出来事《できごと》と心《こころ》の動《うご》き

日記《にっき》では、
❶何《なに》があって
❷それがキミにどんな変化《へんか》をもたらしたか
を書《か》くといいね。

この順番《じゅんばん》で書《か》いたら日記《にっき》が書《か》けた!
毎日何《まいにちなに》かしら書《か》くことがあるんだなあ。

コラム

いろいろな日記文学《にっきぶんがく》を読《よ》んでみよう

日記《にっき》には、歴史的意義《れきしてきいぎ》のあるものや文学的《ぶんがくてき》に評価《ひょうか》の高《たか》いもの、女性《じょせい》が書《か》いたものもたくさんあるよ。ここでは平安時代《へいあんじだい》に書《か》かれた日記《にっき》を紹介《しょうかい》しよう。

土佐日記《とさにっき》

平安時代前期《へいあんじだいぜんき》、紀貫之《きのつらゆき》が土佐《とさ》から京都《きょうと》までの旅《たび》の様子《ようす》を書《か》いた日記《にっき》。冒頭《ぼうとう》に「を《お》とこもすなる日記《にき》といふ《う》ものを、を《お》む《ん》なもしてみむ《ん》とて、するなり」とあって、女性《じょせい》のふりをして書《か》いているよ。かな文字《もじ》で書《か》かれた、日本《にほん》初《はつ》の日記文学《にっきぶんがく》。

冒頭文《ぼうとうぶん》の意味《いみ》は、「男《おとこ》が書《か》くという日記《にっき》を、女《おんな》のわたしも書《か》いてみようと思《おも》って書《か》くのです」ということ。

蜻蛉日記《かげろうにっき》

平安時代中期《へいあんじだいちゅうき》、藤原道綱母《ふじわらのみちつなのはは》が書《か》いた。夫《おっと》がほかの女性《じょせい》を好《す》きになり、悩《なや》んで苦《くる》しむ姿《すがた》を日記《にっき》につづったよ。『源氏物語《げんじものがたり》』にも影響《えいきょう》を与《あた》えた日記文学《にっきぶんがく》なんだ。

更級日記《さらしなにっき》

平安時代中期《へいあんじだいちゅうき》、菅原孝標女《すがわらのたかすえのむすめ》が書《か》いた。『源氏物語《げんじものがたり》』にあこがれる少女《しょうじょ》が、結婚《けっこん》して老《お》いていくまでの「女性《じょせい》の一生《いっしょう》」が回想《かいそう》として書《か》かれた貴重《きちょう》な記録《きろく》。

紫 式部日記《むらさきしきぶにっき》

平安時代中期《へいあんじだいちゅうき》、『源氏物語《げんじものがたり》』の作者《さくしゃ》・紫式部《むらさきしきぶ》が書《か》いた。一条《いちじょう》天皇《てんのう》の皇后《こうごう》に仕《つか》えているときのはなやかな宮廷《きゅうてい》での生活《せいかつ》や、同僚《どうりょう》の清少納言《せいしょうなごん》や和泉式部《いずみしきぶ》の批評《ひひょう》も書《か》いているよ。

和泉式部日記《いずみしきぶにっき》

平安時代中期《へいあんじだいちゅうき》、和歌《わか》の達人《たつじん》である和泉式部《いずみしきぶ》が書《か》いた（ほかの人《ひと》が書《か》いたという説《せつ》もある）。敦道親王《あつみちしんのう》との恋愛《れんあい》を歌物語風《うたものがたりふう》に書《か》いているよ。和泉式部《いずみしきぶ》は恋愛《れんあい》の達人《たつじん》でもあったんだ。

課題《かだい》

3

作《さく》文《ぶん》「好《す》きなアニメ」

ここでのテーマはアニメだけど、好《す》きなことについての作文《さくぶん》の書《か》き方《かた》は、ほかのテーマでも応用《おうよう》できるよ。がんばってやってみよう！

ステップ 1 まずはベスト3！

好《す》きなアニメ作品《さくひん》を三《みっ》つ、書《か》き出《だ》してみよう！

わたしはやっぱりジブリかな。映画《えいが》は全部《ぜんぶ》見《み》てるし。グッズとかも買《か》っちゃうのよねー。

アニメは、テレビでも映画《えいが》でもよく見《み》るけど、迷《まよ》うなあ……。好《す》きなのたくさんあるからね！

まずは、作文《さくぶん》に書《か》くことを考《かんが》えずに、好《す》きなアニメを書《か》き出《だ》そう！三《みっ》つ以上《いじょう》挙《あ》げてもいいよ！

キャラクター・シーン・セリフ

ステップ 2

右《みぎ》に挙《あ》げた中《なか》で、一番《いちばん》好《す》きなもの、作文《さくぶん》に書《か》いてみたいものを選《えら》んでね。そして、選《えら》んだアニメに出《で》てくる、キミが好《す》きなキャラクターとシーンとセリフを挙《あ》げてみよう。

好《す》きなキャラクター

好《す》きなシーン

好《す》きなセリフ

「　　」
「　　」
「　　」

ポイント

キミの中《なか》の「好《す》き」を見《み》つける

ここまで、「一番《いちばん》好《す》きなアニメ作品《さくひん》」が決《き》まって、「好《す》きなキャラクター」「好《す》きなシーン」「好《す》きなセリフ」がわかったね！

そう、**「キミの中《なか》の『好《す》き』」**を見《み》つけられたってことだよ！

どうして好《す》き?

ステップ 3

キミが選《えら》んだ「好《す》きなキャラクター」「好《す》きなシーン」「好《す》きなセリフ」の「どこが好《す》きなのか」「なぜ好《す》きなのか」を書《か》いてみよう!

そのキャラクターのどこが、なぜ好《す》き?

そのシーンのどこが、なぜ好《す》き?

そのセリフのどこが、なぜ好《す》き?

ポイント

アニメとキミの共通点《きょうつうてん》をさぐろう!

「どこが、なぜ好《す》き?」は、
「**〜なところ**」「**〜したところ**」と書《か》くと書《か》きやすいかな。

「どんなふうに心《こころ》が動《うご》いた?」は、
- **「わかるわかる!」「同《おな》じ!」と思《おも》ったこと**
- **「そういえば……」と思《おも》い出《だ》した内容《ないよう》**

を書《か》くといいね。

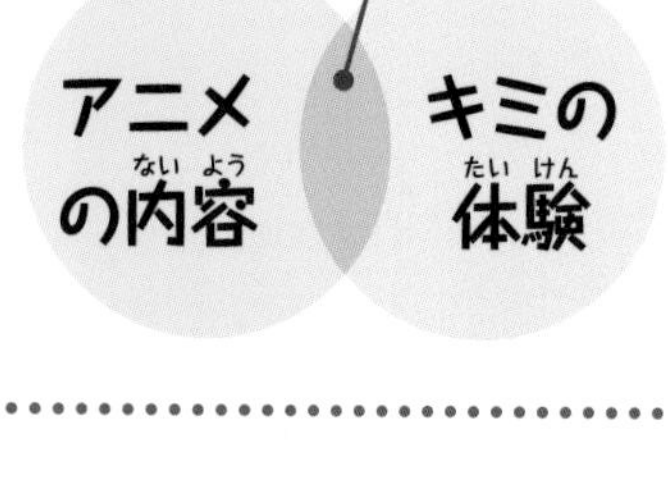

アニメの好《す》きなところとキミ自身《じしん》の体験《たいけん》や考《かんが》えの、重《かさ》なった部分《ぶぶん》を見《み》つけるのが重要《じゅうよう》!

書《か》き込《こ》んでみよう！

ステップ 4

❶～❸で書《か》いたことを、左《ひだり》の文章《ぶんしょう》のカッコに書《か》き込《こ》んでみよう！

わたしの好《す》きなアニメは（　　　　）です。

好《す》きなキャラクターは（　　　　）で、なぜかというと（　　　　）だからです。

好《す》きなシーンは（　　　　）で、なぜかというと（　　　　）だからです。

好《す》きなセリフは（　　　　）で、なぜかというと（　　　　）だからです。

作文《さくぶん》に、何《なに》を書《か》くかが整理《せいり》されてきたね。
好《す》きなものについて書《か》くときは、
「何《なに》が好《す》きか」「どこが好《す》きか」「なぜ好《す》きか」
を書《か》くと、キミらしい「**自分《じぶん》の表現《ひょうげん》**」になるんだ。
さあ、あと一息《ひといき》！

「まとめ」を書《か》こう!

ステップ 5

④で書《か》いた文章《ぶんしょう》の最後《さいご》に、「まとめ」の一文《いちぶん》を書《か》いてみよう。キミの思《おも》ったことを素直《すなお》に書《か》けばいいよ。

たとえば……
もし、「もうムリだ」というときには、このセリフを思《おも》い出《だ》そうと思《おも》いました。

言葉《ことば》が力《ちから》になること
はあるよね!

たとえば……
自分《じぶん》なら、一人《ひとり》でがんばるよりも、友《とも》だちに助《たす》けてもらいながらがんばってみたいと思《おも》いました。

ちがう意見《いけん》を持《も》つことも大事《だいじ》!
それもキミらしさだね。

意見《いけん》や感想《かんそう》に、
「正《ただ》しい」「まちがっている」はないよ。
キミの考《かんが》えを言葉《ことば》で
表現《ひょうげん》できることが大事《だいじ》だね。

コラム

「アニメーション」ってどんな意味《いみ》？

「アニメーションって……、アニメでしょ！」と思《おも》っているキミ！　英語《えいご》の語源《ごげん》を知《し》ると、もっとアニメが好《す》きになるよ。

アニメーションを英語《えいご》で書《か》くと → **animation**

「anima《アニマ》」のもともとの意味《いみ》は、「命《いのち》」！

へぇ～っ！「アニメーション」には「命《いのち》」っていう意味《いみ》がふくまれているんだ！

ほかに「anima」のつく言葉《ことば》は……

animate《アニメイト》	animator《アニメーター》
「命《いのち》」＋動詞形《どうしけい》	「命《いのち》をふきこむ」＋人《ひと》
↓	↓
命《いのち》をふきこむ	**アニメを作《つく》る人《ひと》**

命《いのち》をふきこんで、アニメを作《つく》るので
アニメーションの意味《いみ》は……

animation

↓

励《はげ》まし、活発《かっぱつ》、活気《かっき》、動画《どうが》（アニメーション）

絵《え》に「活気《かっき》」を与《あた》えると
「命《いのち》がふきこまれて」動《うご》き出《だ》すもんね！
だからアニメーションっていうんだ！

課題《かだい》
4

「読《ど》書《しょ》感《かん》想《そう》文《ぶん》」

本《ほん》を読《よ》むのは好《す》きでも、読書感想文《どくしょかんそうぶん》が苦手《にがて》っていう人《ひと》は多《おお》いかな。ここでは、キミ自身《じしん》と物語《ものがたり》をつなげる読書感想文《どくしょかんそうぶん》の書《か》き方《かた》をマスターしよう。

読書感想文《どくしょかんそうぶん》には、次《つぎ》の二《ふた》つの要素《ようそ》があるよ。

❶ 物語《ものがたり》の内容《ないよう》
❷ キミ自身《じしん》のエピソード

そして、書《か》いてほしいのは、「物語《ものがたり》に共感《きょうかん》したのは、どんなエピソードがあったからか？」という、下《した》の図《ず》の色《いろ》が重《かさ》なった部分《ぶぶん》。

これを見《み》つけるために、次《つぎ》のページの❶から順番《じゅんばん》にやっていこう！

ポイント 二《ふた》つの要素《ようそ》の関係《かんけい》は？

「内容《ないよう》」×「エピソード」
＝物語《ものがたり》に共感《きょうかん》して思《おも》い出《だ》した出来事《できごと》
これを、まず見《み》つけてみよう！

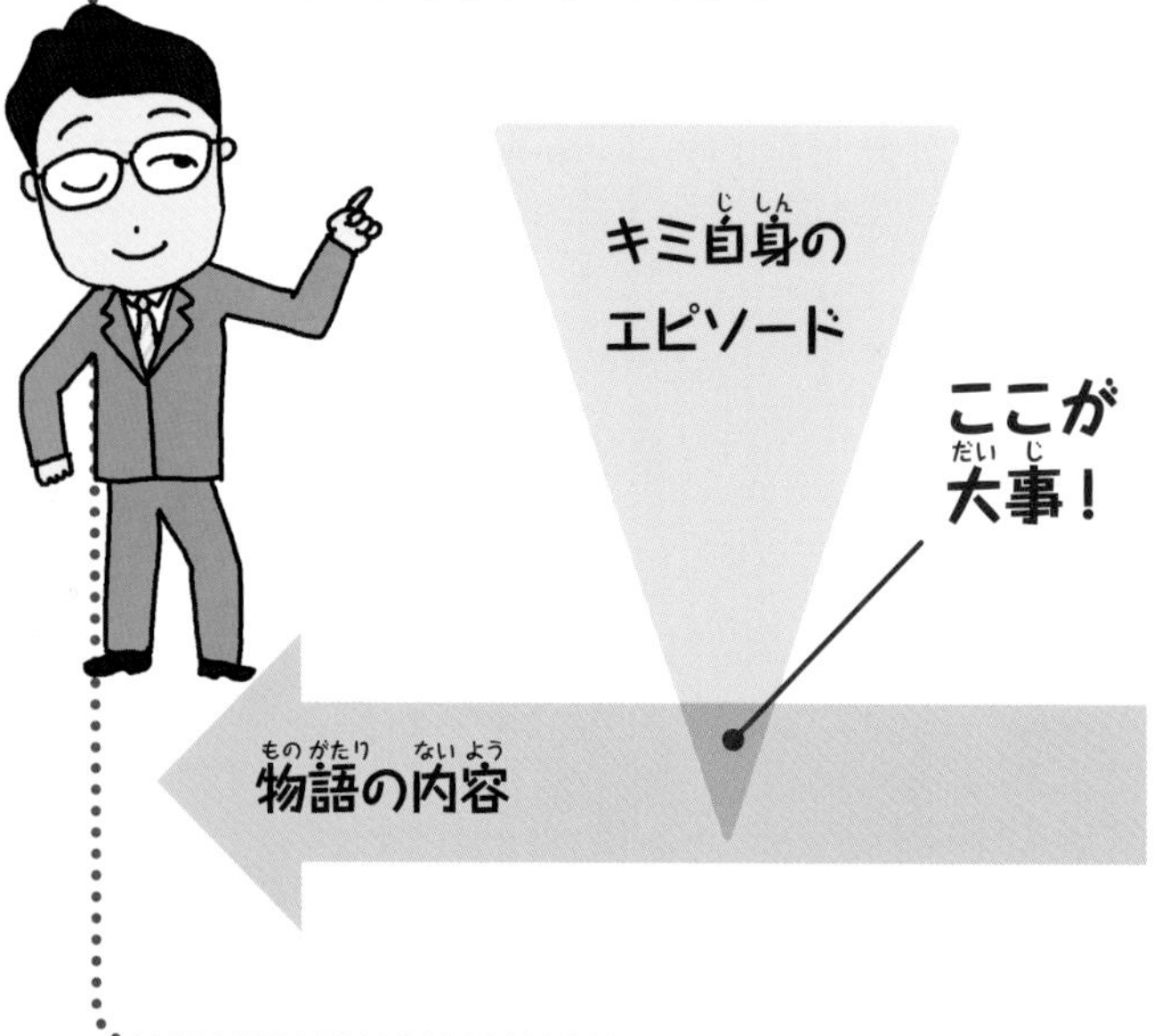

引用《いんよう》したい文章《ぶんしょう》！

ステップ 1

本《ほん》の中《なか》から、読書感想文《どくしょかんそうぶん》に引用《いんよう》したい文章《ぶんしょう》を三《みっ》つ、挙《あ》げてみよう！

その1

その2

その3

「引用《いんよう》」とは、本《ほん》の中《なか》の文章《ぶんしょう》を自分《じぶん》の作文《さくぶん》の中《なか》で使《つか》うこと。それが引用《いんよう》だとわかるように、「　」で書《か》くのが原則《げんそく》だよ。
引用《いんよう》する文章《ぶんしょう》は、キミが感動《かんどう》したところや好《す》きなところ、共感《きょうかん》したところを選《えら》ぶといいよ。

あっ！　いつか自分《じぶん》でも言《い》ってみたいと思《おも》ったセリフ、なんだったっけ？

主人公《しゅじんこう》が勇気《ゆうき》を出《だ》して立《た》ち上《あ》がるところ、ドキドキしたなあ。あの場面《ばめん》にしようっと！

なぜその文章《ぶんしょう》？

ステップ 2

❶で挙《あ》げた三《みっ》つの文章《ぶんしょう》をなぜ選《えら》んだのか、また、キミが「わかるわかる！」とか「いいね！」と感《かん》じたことを具体的《ぐたいてき》に書《か》いてみよう。

なぜ、「その1」の文章《ぶんしょう》を選《えら》んだ？

「わかるわかる」ポイント……

なぜ、「その2」の文章《ぶんしょう》を選《えら》んだ？

「わかるわかる」ポイント……

なぜ、「その3」の文章《ぶんしょう》を選《えら》んだ？

「わかるわかる」ポイント……

「つながり」を整理《せいり》！

ステップ 3

①では物語《ものがたり》の中《なか》の好《す》きな文章《ぶんしょう》を挙《あ》げて、②では「なぜ」と「わかるわかる」ポイントを挙《あ》げたよね。
ここで、物語《ものがたり》とキミ自《じ》身《しん》のエピソードがつながるんだ！

そっか！
「わかるわかる」って思《おも》うのは、
物語《ものがたり》に共感《きょうかん》したっていうことなんだね。
だから、物語《ものがたり》と自分《じぶん》がつながるんだ！

ポイント

物語《ものがたり》とキミのエピソードがつながる！

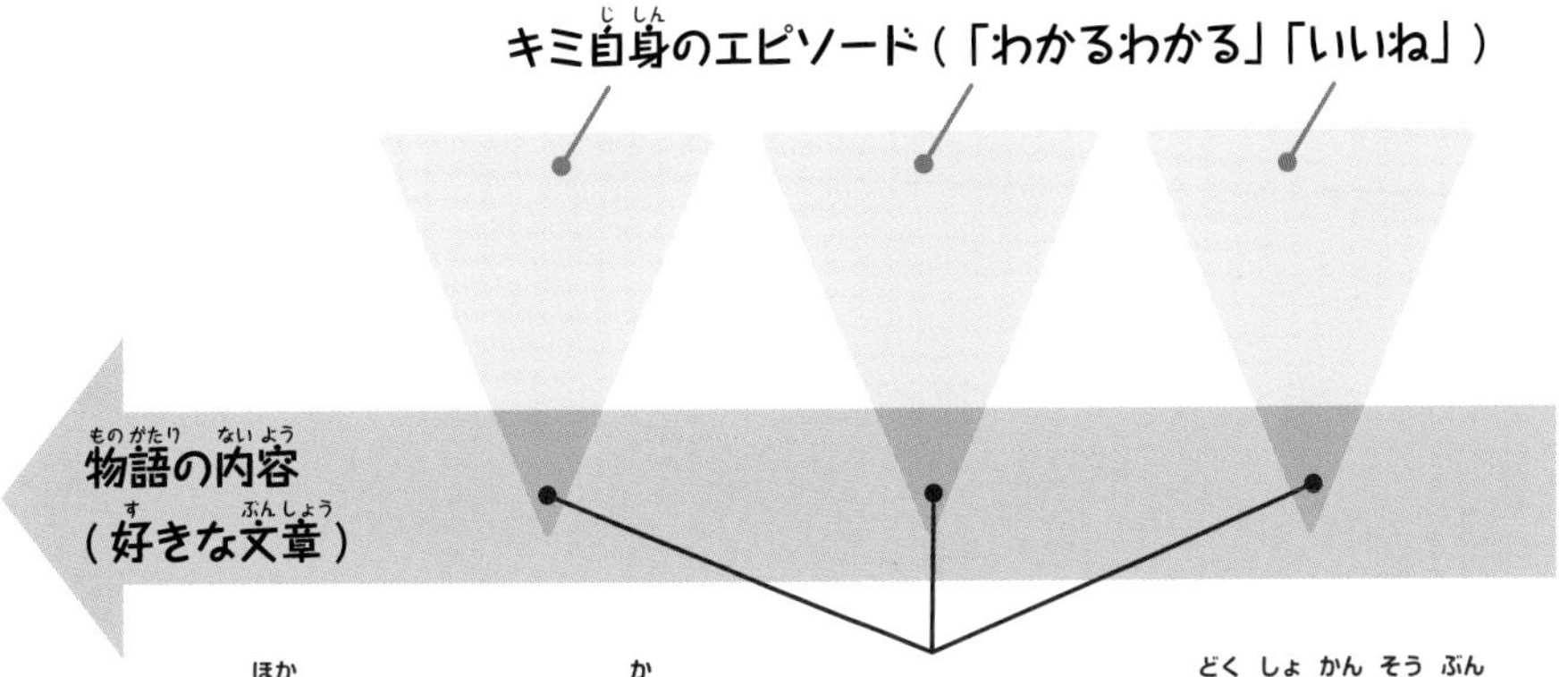

ここが、〝他《ほか》のだれにも書《か》けない、キミだけの読書感想文《どくしょかんそうぶん》〟！

同《おな》じ本《ほん》を読《よ》んだ友《とも》だちと、同《おな》じような感想文《かんそうぶん》になってしまってはもったいない。
キミにしか書《か》けない感想文《かんそうぶん》を書《か》くには、物語《ものがたり》とキミとの「つながり」が大事《だいじ》なんだよ。

じっさいに書《か》いてみよう！

ステップ 4

❶・❷で整理《せいり》したことをもとに読書感想文《どくしょかんそうぶん》を書《か》いて、キミなりのタイトルをつけてみよう。

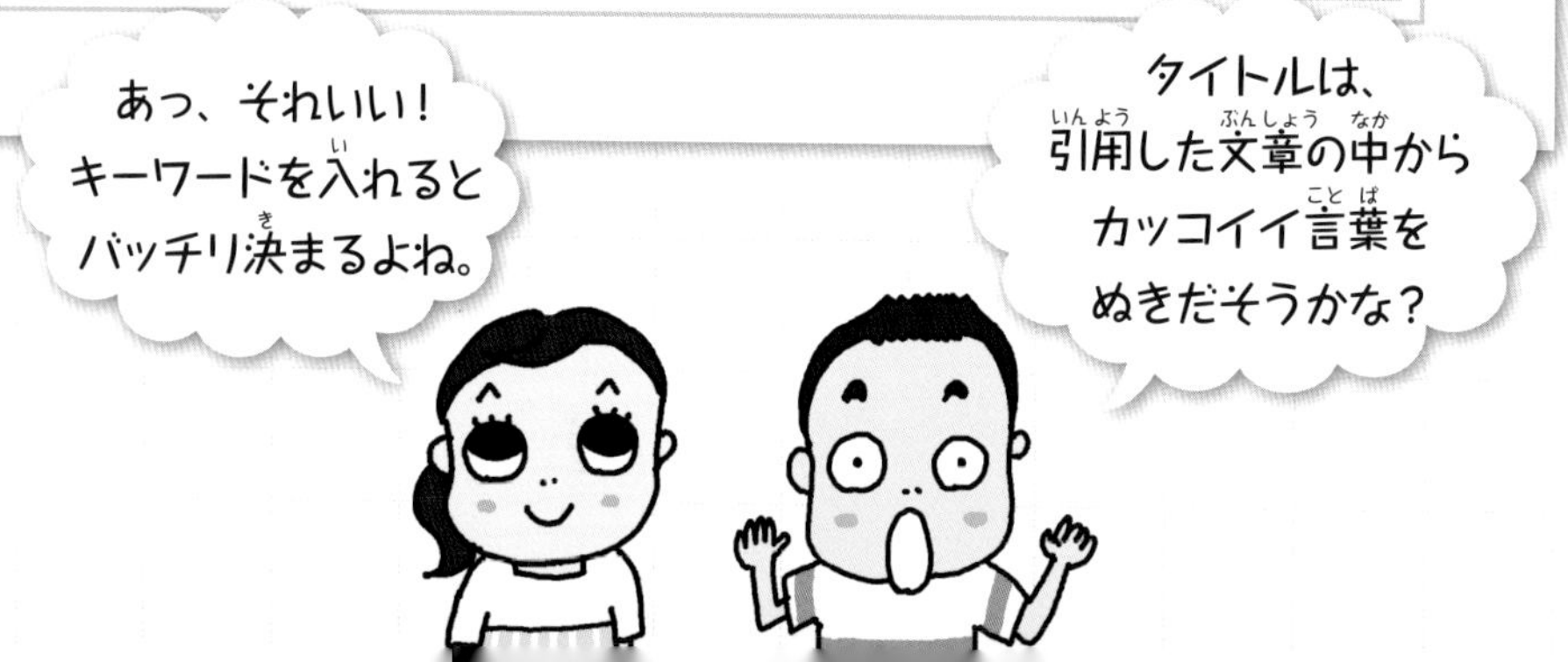

タイトルは、引用《いんよう》した文章《ぶんしょう》の中《なか》からカッコイイ言葉《ことば》をぬきだそうかな？
あっ、それいい！キーワードを入《い》れるとバッチリ決《き》まるよね。

「わたしが感動《かんどう》した文章《ぶんしょう》は、『………』です。
この文章《ぶんしょう》を読《よ》んで、ほんとうにそうだなあと思《おも》いました。それは、
○○○○○のことを思《おも》い出《だ》したからです。そのときわたしは～」
という感《かん》じで書《か》いていくといいかもね。
引用《いんよう》する文章《ぶんしょう》についてキミが感《かん》じたこと、「わかるわかる」と
思《おも》った理由《りゆう》の出来事《できごと》について書《か》いてみよう。

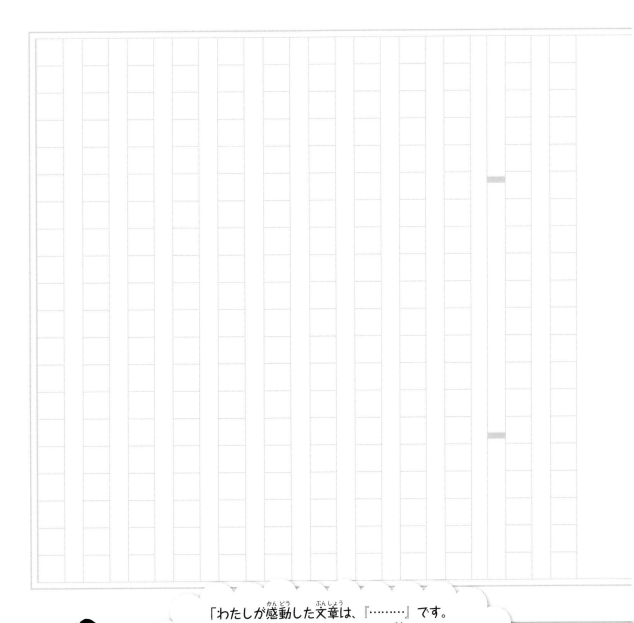

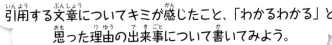

課題《かだい》

5

作文《さくぶん》「尊敬《そんけい》する人《ひと》」

キミの尊敬《そんけい》する人《ひと》はだれかな？　その人《ひと》のどんなところが、なぜいいのかな？
キミの中《なか》の思《おも》いをほり下《さ》げて文章《ぶんしょう》にしてみると、いろんな気《き》づきがあるかもね。

「尊敬《そんけい》する人《ひと》」についての作文《さくぶん》を書《か》く手順《てじゅん》は、次《つぎ》の通《とお》り。

1. だれについて書《か》くかを決《き》める。
2. その人《ひと》のどんなところを尊敬《そんけい》しているのかを考《かんが》える。
3. その人《ひと》との思《おも》い出《で》やエピソードを探《さが》す。
4. その人《ひと》とキミの共通点《きょうつうてん》や、まったくちがうところを探《さが》す。
5. お手本《てほん》にしたいところはどこかを考《かんが》える。

これをいっしょに考《かんが》えていこう！

ポイント

「尊敬《そんけい》する人《ひと》」とキミの接点《せってん》が重要《じゅうよう》！

その人《ひと》とキミとの思《おも》い出《で》や共通点《きょうつうてん》などの「接点《せってん》」を見《み》つけるためには、その人《ひと》のことをたくさん考《かんが》えてみよう。

はじめは……
「自分《じぶん》とはぜんぜんちがう、すごい人《ひと》だなあ」

キミ ⇔ 尊敬《そんけい》する人《ひと》

その人《ひと》のことをいっぱい考《かんが》えると……

「あっ！　もしかしたらこんなところは似《に》ているかもしれない！　ここは似《に》た考《かんが》えかも！」

キミ　尊敬《そんけい》する人《ひと》

接点《せってん》が見《み》えてくる！

三人《さんにん》挙《あ》げる！

ステップ 1

キミの尊敬《そんけい》する人《ひと》として思《おも》い浮《う》かぶ人《ひと》を、「身近《みぢか》な人《ひと》」「有名人《ゆうめいじん》」「歴史上《れきしじょう》の人物《じんぶつ》」、それぞれ三人《さんにん》ずつ挙《あ》げてみよう。

身近《みぢか》な人《ひと》
（家族《かぞく》、先生《せんせい》、友《とも》だちなど）

有名人《ゆうめいじん》
（アスリート、アーティストなど）

歴史上《れきしじょう》の人物《じんぶつ》
（聖徳太子《しょうとくたいし》、徳川家康《とくがわいえやす》など）

作文《さくぶん》に書《か》くのは一人《ひとり》だけど、たくさんの人《ひと》を思《おも》い出《だ》してみよう！尊敬《そんけい》する人《ひと》がたくさんいるってことは、お手本《てほん》にしたい人《ひと》がたくさんいるということで、キミの成長《せいちょう》の糧《かて》になるよ。
サッカーのコーチとか、ユーチューバーとか、いっぱいいるなあ！

尊《そん》敬《けい》ポイントベスト3！

ステップ 2

①で挙《あ》げた人《ひと》の中《なか》から、作文《さくぶん》に書《か》く人《ひと》を一人《ひとり》選《えら》ぼう。そして、その人《ひと》の尊《そん》敬《けい》ポイントを三《みっ》つ挙《あ》げてみよう。

1位《い》

やっぱり、世界的《せかいてき》に活躍《かつやく》しているところはすごいよねー。

2位《い》

毎日《まいにち》努《ど》力《りょく》を続《つづ》けているところは、尊敬《そんけい》しちゃうなー。

3位《い》

その人《ひと》が言《い》った言葉《ことば》やいつもしている行動《こうどう》など、具体的《ぐたいてき》なことが挙《あ》げられるといいね。

マネしたいところ!

ステップ 3

尊敬《そんけい》する人《ひと》から学《まな》びたいこと、マネしたいこと、将来《しょうらい》こうなってみたいと思《おも》うことを書《か》いてみよう。

学《まな》びたいこと

マネしたいこと

将来《しょうらい》こうなってみたいこと

ぜんぜんかなわないくらいすごい人《ひと》かもしれないけれど、「マネしてみたい」と思《おも》うことは大事《だいじ》だよ。ただのあこがれの存在《そんざい》ではなく、キミの中《なか》にその人《ひと》のいいところを取《と》り込《こ》むっていうことだからね！こころざしは高《たか》く持《も》とう！

作文《さくぶん》は、自分《じぶん》にひきつけて書《か》くことが大事《だいじ》だもんね！

ステップ 4

じっさいに書《か》いてみよう！

①〜③で整理《せいり》したことをもとに「尊敬《そんけい》する人《ひと》」の作文《さくぶん》を書《か》いて、キミなりのタイトルをつけてみよう。

タイトルは、
●その人《ひと》の特徴《とくちょう》をあらわす言葉《ことば》
●キミの気持《きも》ちをよくあらわしている言葉《ことば》
●読《よ》む人《ひと》にわかってほしいと思《おも》うこと
などをいくつか書《か》き出《だ》してみるといいよ。

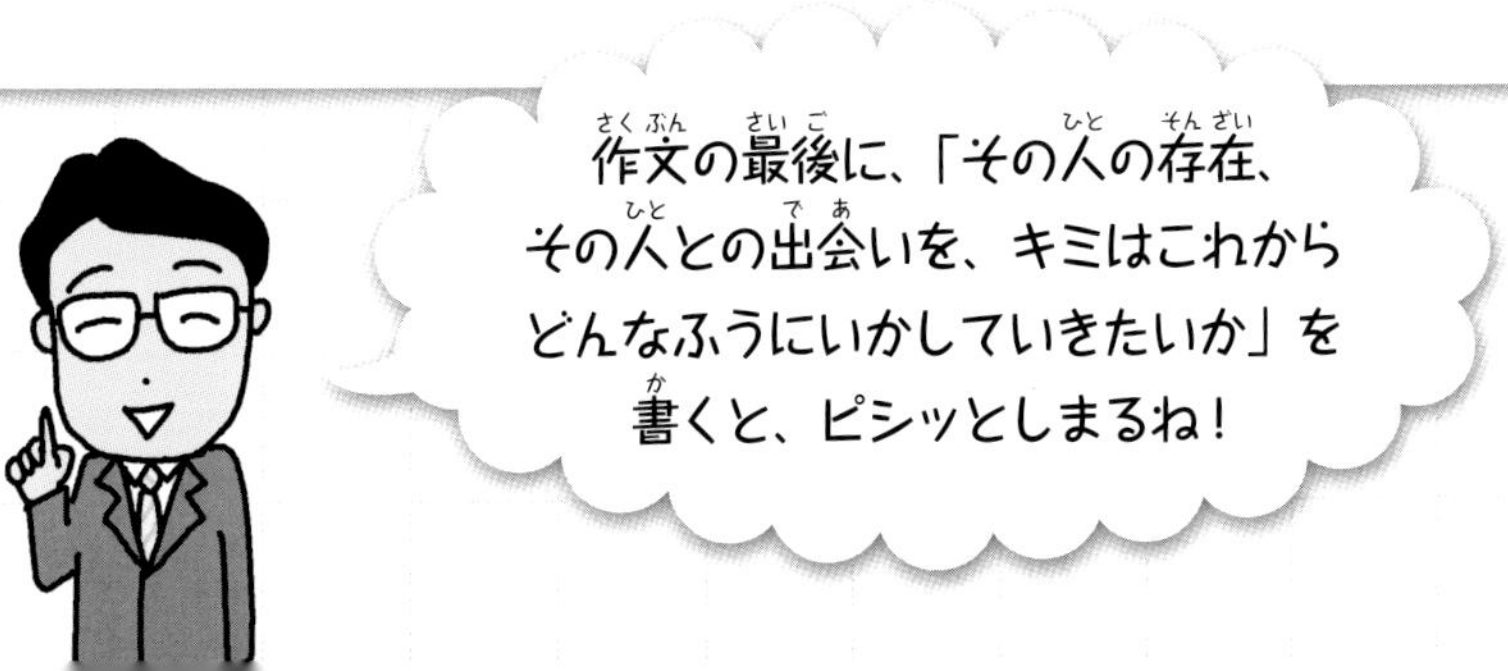
作文《さくぶん》の最後《さいご》に、「その人《ひと》の存在《そんざい》、
その人《ひと》との出会《であ》いを、キミはこれから
どんなふうにいかしていきたいか」を
書《か》くと、ピシッとしまるね！

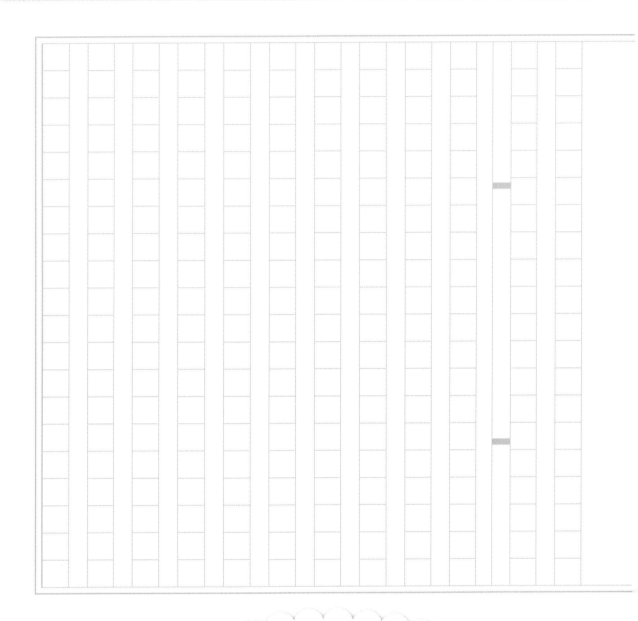

課題《かだい》
6

作文《さくぶん》「将来《しょうらい》の夢《ゆめ》」

将来《しょうらい》の夢《ゆめ》って考《かんが》えたことあるかな？ 「夢《ゆめ》」は、自由《じゆう》に想像《そうぞう》してOK。また、その時々《ときどき》で夢《ゆめ》が変《か》わったっていいんだ。なんせ「夢《ゆめ》」なんだから！

「将来《しょうらい》の夢《ゆめ》」についての作文《さくぶん》を書《か》く手順《てじゅん》は、次《つぎ》の通《とお》り。

1. なってみたいもの、やってみたいことを考《かんが》える。
2. 実現《じつげん》したときに、自分《じぶん》がどうなっているかを思《おも》い描《えが》く。
3. 長所《ちょうしょ》や短所《たんしょ》をいかしたら、どんなふうになるかを考《かんが》えてみる。
4. 職業《しょくぎょう》が見《み》つからない場合《ばあい》は、「コト」を見《み》つける。
5. その「コト」の大目標《だいもくひょう》を考《かんが》えてみる。

これをいっしょに考《かんが》えていこう！

ポイント **好《す》きなこと・やりたいことを最優先《さいゆうせん》！**

まだ何年《なんねん》も先《さき》の話《はなし》なんだから、「できるかどうか」ではなく「やりたいかどうか」を大事《だいじ》にしよう。

○
今《いま》の時点《じてん》では自信《じしん》はないけど、〇〇が好《す》きだから、やっぱりやってみたい！
夢《ゆめ》はコレだ！

×
本当《ほんとう》は〇〇になりたいんだけど、そんなのムリだって言《い》われそうだし……、別《べつ》の夢《ゆめ》にしようかな。

なってみたい! やってみたい!

ステップ 1

まずは、「なってみたいもの」を上《うえ》の空欄《くうらん》に書《か》いてみよう。
それが書《か》けたら、「なってから、やってみたいこと」を書《か》こう。

なってみたいもの

なってから、やってみたいこと

リアルな感覚《かんかく》が大事《だいじ》!

たとえば、「宇宙《うちゅう》飛行士《ひこうし》」になってみたいとしよう。
そうしたら、「火星《かせい》に行《い》って生物《せいぶつ》を探《さが》してみたい」とか、
「宇宙《うちゅう》ステーションでこんな研究《けんきゅう》をしてみたい」って
いうことが思《おも》い浮《う》かぶよね。ただの夢《ゆめ》ではなく、
リアルな感覚《かんかく》が大事《だいじ》なんだよ。

やってみたいことを
考《かんが》えると、なんだか
ワクワクする!

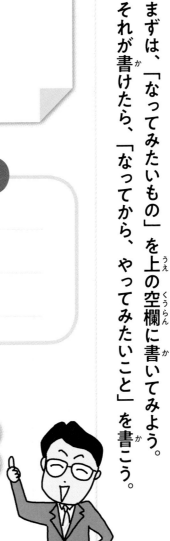

ステップ 2

なりたいものになって、やってみたいことをしているキミは、どんな感《かん》じだろう？　言葉《ことば》で書《か》いてみよう。どんな表情《ひょうじょう》で、どんな服《ふく》を着《き》て、周《まわ》りにどんな人《ひと》がいて、どんな会話《かいわ》をしているだろう？

頭《あたま》の中《なか》でビジュアル化《か》してみよう！
たとえば、宇宙《うちゅう》ステーションの写真《しゃしん》を見《み》てみるとか、
図鑑《ずかん》で火星《かせい》について調《しら》べてみるとか、
具体的《ぐたいてき》にイメージできるように
資料《しりょう》で調《しら》べてみるのもいいかもね。
そうすると、夢《ゆめ》に一歩近《いっぽちか》づくよ。

そうだね！　様子《ようす》がわからないと、
イメージしにくいもんね。それに、
好《す》きなことなら調《しら》べるのも楽《たの》しい！

ステップ 3

ここまできて、もし「あまりに夢《ゆめ》が大《おお》きすぎて、やっぱりムリかも……」と思《おも》ってしまったとしたら、自分《じぶん》の自信《じしん》のないところをどうカバーして夢《ゆめ》をかなえるか、考《かんが》えてみよう。

ポイント 夢《ゆめ》をキミに引《ひ》き寄《よ》せればいい!

今《いま》のキミと夢《ゆめ》があまりにもかけ離《はな》れていると思《おも》ったら、あきらめるんじゃなくて、夢《ゆめ》を引《ひ》き寄《よ》せてみよう。

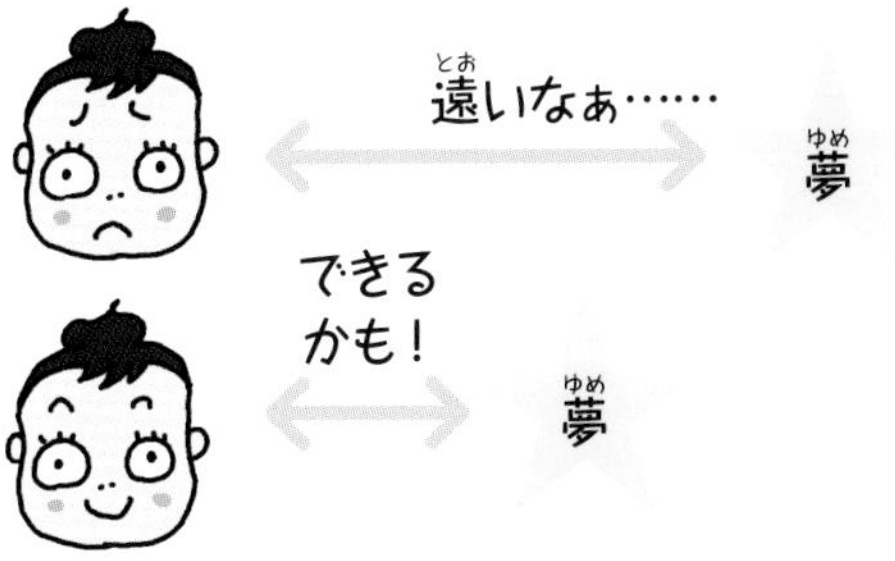

引《ひ》き寄《よ》せるというのは、キミを夢《ゆめ》に合《あ》わせるんじゃなくて、**夢《ゆめ》をキミに合《あ》わせる**ってこと!

キミが自信《じしん》のないところ

どういかす? どうやってカバーする?

長所《ちょうしょ》も短所《たんしょ》もいかす!

宇宙飛行士《うちゅうひこうし》になりたいけど算数《さんすう》が苦手《にがて》だとしたら、得意《とくい》な理科《りか》の分野《ぶんや》で実現《じつげん》するという方法《ほうほう》もあるよね。長所《ちょうしょ》をいかしてカバーできるならOKだ!

ステップ 4

「夢《ゆめ》」＝「職業《しょくぎょう》」と考《かんが》えがちだけど、そんなことはないんだ。「なりたいモノ」ではなく「やってみたいコト」でもいいよ。
ここでは、達成《たっせい》したい目標《もくひょう》や夢《ゆめ》のベスト5を書《か》き出《だ》してみよう。

達成《たっせい》したいことベスト5

1

2

3

4

5

さらに……
ベスト5の中《なか》から一《ひと》つ選《えら》んで、大《おお》きな達成《たっせい》目標《もくひょう》を考《かんが》えてみよう！

ポイント

夢《ゆめ》も目標《もくひょう》も、で――っかくていい！

たとえば「エベレスト登山《とざん》」が達成《たっせい》したいことだとしたら、さらに大《おお》きな目標《もくひょう》は「七大陸最高峰全部《ななたいりくさいこうほうぜんぶ》に登《のぼ》る」かもしれないね！ 実現《じつげん》するかどうか、今《いま》は考《かんが》えなくていい。とにかく夢《ゆめ》も目標《もくひょう》も大《おお》きくふくらまそう！

じっさいに書《か》いてみよう！

ステップ 5

ここまでで整理《せいり》したことをもとに、「将来《しょうらい》の夢《ゆめ》」についての作文《さくぶん》を書《か》いてみよう。

「なぜ、その夢《ゆめ》や目標《もくひょう》を思《おも》い描《えが》いたのか」という、キミなりの理由《りゆう》も書《か》こう。
ほかの友《とも》だちと同《おな》じ夢《ゆめ》だったとしても、その理由《りゆう》は必《かなら》ずちがうはずだからね。

コラム

文《ぶん》と文《ぶん》をつなぐ言葉《ことば》

文《ぶん》と文《ぶん》をつなぐ言葉《ことば》を「接続詞《せつぞくし》」というね。文章《ぶんしょう》を書《か》く上《うえ》では、これを正《ただ》しく使《つか》うことが大事《だいじ》だよ。機能《きのう》（種類《しゅるい》）別《べつ》に覚《おぼ》えておこう。

順接《じゅんせつ》

文《ぶん》と文《ぶん》をそのままつなぐもの

- だから
- そのため
- したがって
- ゆえに
- すると
- それで

逆接《ぎゃくせつ》

前《まえ》の文《ぶん》と逆《ぎゃく》の内容《ないよう》をつなぐもの

- しかし
- ところが
- けれども
- それにもかかわらず
- それでも

並列《へいれつ》

同《おな》じ内容《ないよう》を並《なら》べるもの

- また
- かつ
- ならびに
- および
- 同様《どうよう》に

累加《るいか》

前《まえ》の文《ぶん》に付《つ》け加《くわ》えるもの

- その上《うえ》
- さらに
- しかも
- それに加《くわ》えて
- そればかりではなく

対比《たいひ》

前《まえ》の文《ぶん》の内容《ないよう》と比《くら》べるもの

- 一方《いっぽう》
- その反面《はんめん》
- 反対《はんたい》に

転換《てんかん》

ちがう話題《わだい》をつなぐもの

- さて
- ところで
- それでは

第《だい》2章《しょう》

自《じ》分《ぶん》で テーマを決《き》めて書《か》く

課題《かだい》 1

「問《と》いを立《た》てて書《か》く」

学校《がっこう》では、テーマが与《あた》えられていない作文《さくぶん》を書《か》くこともあるよね。でも大《だい》丈夫《じょうぶ》！　自分《じぶん》で問《と》いを立《た》てて書《か》くことができるんだ。

「○○について書《か》く」というテーマが与《あた》えられていない作文《さくぶん》や、試験《しけん》で「この文章《ぶんしょう》を読《よ》んで、思《おも》ったことを書《か》きなさい」という問題《もんだい》が出《で》た場合《ばあい》。

これは、キミ自身《じしん》がテーマを考《かんが》えなくてはならないんだ。

その時《とき》のいい方法《ほうほう》として、「問《と》いを立《た》てる」というのがあるよ。ここでは、自分《じぶん》で問《と》いを立《た》てて書《か》く作文《さくぶん》についてマスターしよう！

ポイント

「問《と》い＋（理由《りゆう》×3）＋結論《けつろん》」で組《く》み立《た》てる！


テーマがないということは、何《なに》を書《か》いてもいい（書《か》いてはいけないテーマはない）ということ。

つまり、「自説《じせつ》」を述《の》べなさいということなんだ。

その時《とき》に必要《ひつよう》な組《く》み立《た》ては、問《と》いと理由《りゆう》と結論《けつろん》。図《ず》にすると、こんな感《かん》じかな。

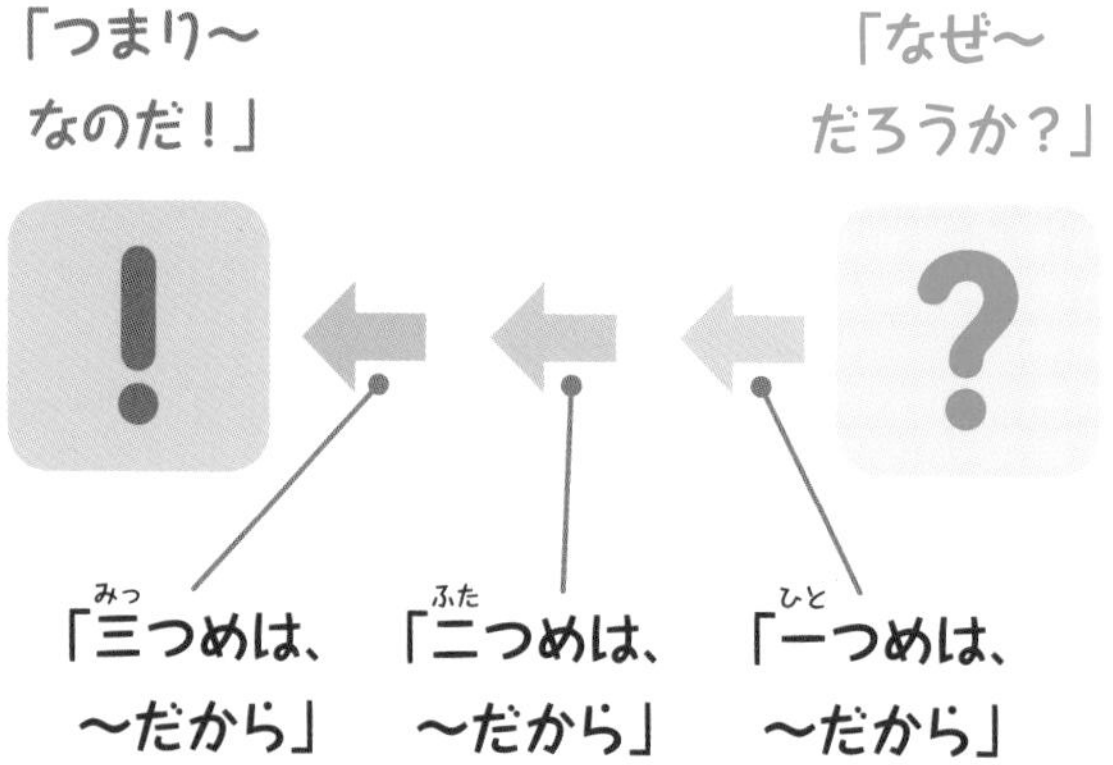
「つまり～なのだ！」

「なぜ～だろうか？」

「三《みっ》つめは、～だから」

「二《ふた》つめは、～だから」

「一《ひと》つめは、～だから」

これを頭《あたま》に入《い》れておけば、ほとんどのテーマに対応《たいおう》できるよ！

問《と》いを立《た》てることにチャレンジ！

ステップ1

まずは、問《と》いを考《かんが》えてみよう。問《と》いは、次《つぎ》の○と△に言葉《ことば》を当《あ》てはめる形《かたち》で考《かんが》えるといいよ。

問《と》いのバージョン1

「なぜ、○○○は△△△するのだろうか？」

問《と》いのバージョン2

「なぜ、○○○は△△△なのだろうか？」

何《なん》でもいいなら……、「なぜ、人《ひと》は遅刻《ちこく》してしまうのだろうか？」っていうのはどうかな？

「なぜ、練習《れんしゅう》でできたことが、本番《ほんばん》ではできなくなってしまうのだろう？」でもいいのかな？

「なぜ、雨《あめ》の日《ひ》はゆううつになるのだろうか？」とか、ちょっと考《かんが》えてみたいなあ。

ポイント 「だれが何《なに》をする」「だれが何《なん》だ」で考《かんが》える！

○○○は主語《しゅご》で、△△△は述語《じゅつご》だよね。もし、キミ自身《じしん》についてのことだったら、「なぜ、自分《じぶん》は朝寝坊《あさねぼう》してしまうのだろうか」と書《か》く。もっと広《ひろ》げるなら、「なぜ、人《ひと》は……」と書《か》けばいい。
主語《しゅご》は、人《ひと》でなくてもかまわない。動物《どうぶつ》でも、「太陽《たいよう》は～」とか「雨《あめ》は～」とか、自然《しぜん》でもいいんだよ。

ステップ 2

問《と》いの理由《りゆう》は？

①で立《た》てた問《と》いについて、理由《りゆう》を三《みっ》つ挙《あ》げてみよう！

問《と》い

「なぜ、（　　　　　　　　）だろうか？」

なぜなら、一《ひと》つめの理由《りゆう》としては……

二《ふた》つめの理由《りゆう》としては……

三《みっ》つめの理由《りゆう》としては……

そっか！　調《しら》べて書《か》くこととはちがうんだもんね。自分《じぶん》の考《かんが》えでいいんだ！

ポイント 理由《りゆう》は、正《ただ》しくなくてもいい！

この作文《さくぶん》は「自説《じせつ》」でかまわないから、科学的《かがくてき》には理由《りゆう》がちがっていてもいいんだ。大事《だいじ》なのは、キミの考《かんが》えを出《だ》して、それを整理《せいり》して作文《さくぶん》にすることなんだよ。
「自説《じせつ》」に自信《じしん》を持《も》とう！

ステップ 3

❶と❷をふまえて、結論《けつろん》までを書《か》いてみよう！

「なぜ、（　　　　）だろうか？」

わたしが考《かんが》える一《ひと》つめの理由《りゆう》は、（　　　　）である。

二《ふた》つめの理由《りゆう》は、（　　　　）である。

三《みっ》つめの理由《りゆう》は、（　　　　）である。

つまり、（　　　　）だからなのである。

❶→❷→❸ときて、
❸から❷に戻《もど》って
書《か》き直《なお》してもいいんだ！
そう考《かんが》えたら、
ちょっと気《き》がラクに
なったなー。

ポイント 結論《けつろん》に合《あ》わせて、理由《りゆう》を変更《へんこう》するのもアリ！

導《みちび》き出《だ》した結論《けつろん》から〝逆算《ぎゃくさん》〟して、理由《りゆう》が合《あ》わないと思《おも》ったら、❷に戻《もど》って理由《りゆう》を変《か》えるのもOKだよ。大事《だいじ》なのは結論《けつろん》だから！「問《と》い」と「結論《けつろん》」をスムーズにつなげる「理由《りゆう》」にすればいいんだ。

課題《かだい》

2

「観察《かんさつ》したことを書《か》く」

「観察《かんさつ》」というと、植物《しょくぶつ》の生長日記《せいちょうにっき》を想像《そうぞう》するかな？　ここでは、課題《かだい》となる絵《え》を観察《かんさつ》して作文《さくぶん》を書《か》く方法《ほうほう》を学《まな》んでいくよ。

「観察《かんさつ》」は、ただ見《み》るだけではないね。観察《かんさつ》とは、物事《ものごと》を注意深《ちゅういぶか》く見《み》て、理解《りかい》しようとすることだよ。

ここでは、〝その絵《え》を見《み》たことのない人《ひと》〟が、どんな絵《え》かがわかるように文章《ぶんしょう》を書《か》いてみよう。

どのような順序《じゅんじょ》で、どんな点《てん》に注目《ちゅうもく》するか、観察《かんさつ》の仕方《しかた》からやっていくよ。

ポイント

ほかの人《ひと》が気《き》づかないことを見《み》つけてみよう！

観察《かんさつ》して書《か》く作文《さくぶん》のテーマは、ほかの人《ひと》と同《おな》じ。みんなで同《おな》じものを見《み》て（観察《かんさつ》して）文章《ぶんしょう》にするんだね。

だから、ほかの人《ひと》が気《き》づかないこと、キミだけが気《き》づいたことを見《み》つけることが大事《だいじ》！

そうすると、キミらしいオリジナルな作文《さくぶん》になるね。

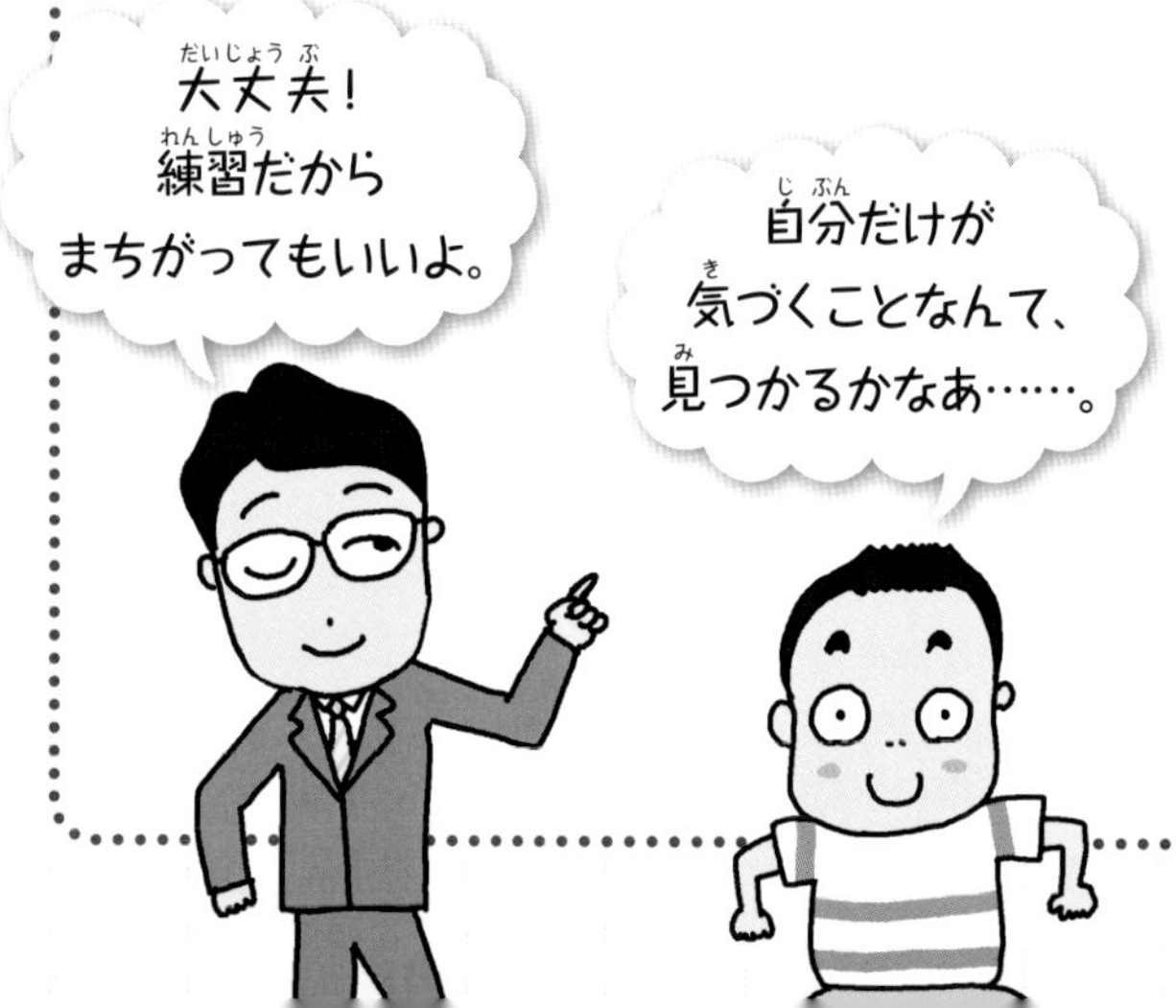
大丈夫《だいじょうぶ》！練習《れんしゅう》だからまちがってもいいよ。
自分《じぶん》だけが気《き》づくことなんて、見《み》つかるかなあ……。

レオナルド・ダ・ヴィンチ『最後《さいご》の晩餐《ばんさん》』

提供：Universal Images Group/ アフロ

絵《え》を観察《かんさつ》してみよう！

ステップ 1

まずは、絵《え》の大《おお》まかな情報《じょうほう》を整理《せいり》していくよ。左《ひだり》の項目《こうもく》について、よーく絵《え》を観察《かんさつ》して書《か》いてみよう。

場所《ばしょ》は？　（　　　　　　　）

どんな人《ひと》がいる？　（　　　　　　　）

どんな物《もの》がある？　（　　　　　　　）

何《なに》をしている？

（　　　　　　　　　　　　　　　）

ポイント　場所《ばしょ》・人《ひと》・行動《こうどう》をまずはとらえよう！

窓《まど》があるからどこかの部屋《へや》かな。手前《てまえ》には横《よこ》に長《なが》い白《しろ》いテーブルがあって、たくさんの人《ひと》が並《なら》んでいる。テーブルの上《うえ》にはお皿《さら》やパンがあるね。まずはこのくらいおさえておこう！

スゴイよポイント！

ステップ 2

次《つぎ》は、キミが観察《かんさつ》して感《かん》じた「ここがスゴイよ！ ポイント」を三《みっ》つ挙《あ》げてみよう。

レオナルド・ダ・ヴィンチ『最後《さいご》の晩餐《ばんさん》』　提供：Universal Images Group/ アフロ

ここは大事《だいじ》！ この三《みっ》つの「スゴイよ！ ポイント」が、キミだけが気《き》づいたオリジナルなポイントだからね。「**スゴイよ！**」「**おもしろいよ！**」と声《こえ》に出《だ》しながら探《さが》してみよう！

スゴイよ！ 1

スゴイよ！ 2

スゴイよ！ 3

ステップ

3

じっさいに書《か》いてみよう！

①と②の内容《ないよう》をあわせて、『最後《さいご》の晩餐《ばんさん》』を見《み》たことのない人《ひと》がわかるように、作文《さくぶん》にしてみよう。

こういう課題《かだい》をきっかけに、絵《え》のことを知《し》りたくなるというのは、とてもいいね！　ぜひ調《しら》べてみよう！
お皿《さら》があるのに、パンはテーブルの上《うえ》にあるのは、なぜだろう？　この絵《え》のこと、もっと知《し》りたくなった！
一人《ひとり》ひとり表情《ひょうじょう》がちがったりして、よく見《み》るとおもしろい！

課題《かだい》 3

「比較《ひかく》して書《か》く」

物事《ものごと》を比較《ひかく》して文章《ぶんしょう》にするというのは、作文《さくぶん》の課題《かだい》だけでなく、理科《りか》や社会《しゃかい》の自由研究《じゆうけんきゅう》にも活用《かつよう》できるよ。ぜひ練習《れんしゅう》しておこう！

比較《ひかく》するとは、二《ふた》つ以上《いじょう》の物事《ものごと》を比《くら》べること。

数字《すうじ》ではっきりとちがいが出《で》るものならいいけれど、それを言葉《ことば》で表現《げん》《ひょう》するには、練習《れんしゅう》が必要《ひつよう》だね。

ただ、そんなにむずかしいことではない。コツをつかめばすぐにマスターできるよ！

ポイント

比較《ひかく》のコツは、「同《おな》じ」と「ちがい」を見抜《みぬ》くこと！

「○○と△△を比較《ひかく》して、気《き》づいたことを書《か》きなさい」という課題《かだい》が出《だ》されたら、

- **同《おな》じところはどこか**
- **ちがうところはどこか**

をそれぞれ整理《せいり》するといいよ。

比較《ひかく》って言《い》われても、どこから何《なに》をすればいいかわからなかったけど、これなら順《じゅん》を追《お》ってできそう！
そうそう！何《なに》からはじめるかがわかると、できそうな気《き》がする！

ステップ 1

二《ふた》つの絵《え》を比較《ひかく》しよう！

まずは、比較《ひかく》する二《ふた》つの絵《え》、AとBをよーく見《み》てみよう。どちらも「種《たね》をまく人《ひと》」というタイトルの絵《え》で、世界的《せかいてき》な名画《めいが》と評価《ひょうか》を受《う》けているよ。

Aはフランスの画家《がか》、ジャン＝フランソワ・ミレーの「種《たね》をまく人《ひと》」。Bはオランダの画家《がか》、ヴィンセント・ファン・ゴッホの「種《たね》をまく人《ひと》」。ゴッホはミレーを尊敬《そんけい》していて、ミレーの強《つよ》い影響《えいきょう》を受《う》けてBの絵《え》を描《か》いたといわれているよ。

A

提供：New Picture Library/ アフロ

B

提供：akg-images/ アフロ

箇条書《かじょうが》きにしよう!

ステップ 2

二《ふた》つの絵《え》について、同《おな》じ（似《に》ている）ところとちがうところを、箇条書《かじょうが》きにしてみよう。

提供：akg-images/ アフロ

提供：New Picture Library/ アフロ

同《おな》じ（似《に》ている）ところ

-
-
-
-

ちがうところ

-
-
-
-

じっさいに書《か》いてみよう！

ステップ 3

②で書《か》いたことを、文章《ぶんしょう》にしてみよう。
そのときに、それぞれの絵《え》から受《う》ける印象《いんしょう》のちがい（朝《あさ》か夜《よる》か、季節《きせつ》はいつか、楽《たの》しいかさびしいか、など）も書《か》くといいね。

ポイント 「もし自分《じぶん》がこの絵《え》の人《ひと》だったら……」と想像《そうぞう》してみよう！

もしキミがAの人《ひと》だったら……、もしキミがBの人《ひと》だったら……、どんな気持《きも》ちなんだろう？　何《なに》を考《かんが》えながら種《たね》をまいているんだろう？　そんなふうに絵《え》を「体感《たいかん》」してみると、キミらしい作文《さくぶん》になるね！

課題《かだい》

4

「調《しら》べて書《か》く」

何《なに》かのテーマについて、新聞《しんぶん》や本《ほん》、インターネットなどで調《しら》べ、わかったことについて書《か》くというのは、大人《おとな》になっても必要《ひつよう》な力《ちから》だね。

調《しら》べたことを文章《ぶんしょう》にするというのは、高校《こうこう》や大学《だいがく》のレポート作成《さくせい》でも必要《ひつよう》だし、大人《おとな》になって仕事《しごと》をするときにも必要《ひつよう》だよ。

小学生《しょうがくせい》のうちにこの力《ちから》を身《み》につけておけば、これからどんな課《か》題《だい》がきてもバッチリだね！

ポイント

賛成《さんせい》意見《いけん》・反対《はんたい》意見《いけん》・キミの意見《いけん》の三《みっ》つが大事《だいじ》！

どんな物事《ものごと》でも、賛成《さんせい》意見《いけん》と反対《はんたい》意見《いけん》はある。それは、その人《ひと》が、どの立場《たちば》にいるか、何《なに》を大事《だいじ》に思《おも》っているかがちがうからなんだね。

調《しら》べて書《か》くときには、賛成《さんせい》・反対《はんたい》の両方《りょうほう》の意《い》見《けん》（見方《みかた》）と、必《かなら》ずキミの意見《いけん》も加《くわ》えよう！

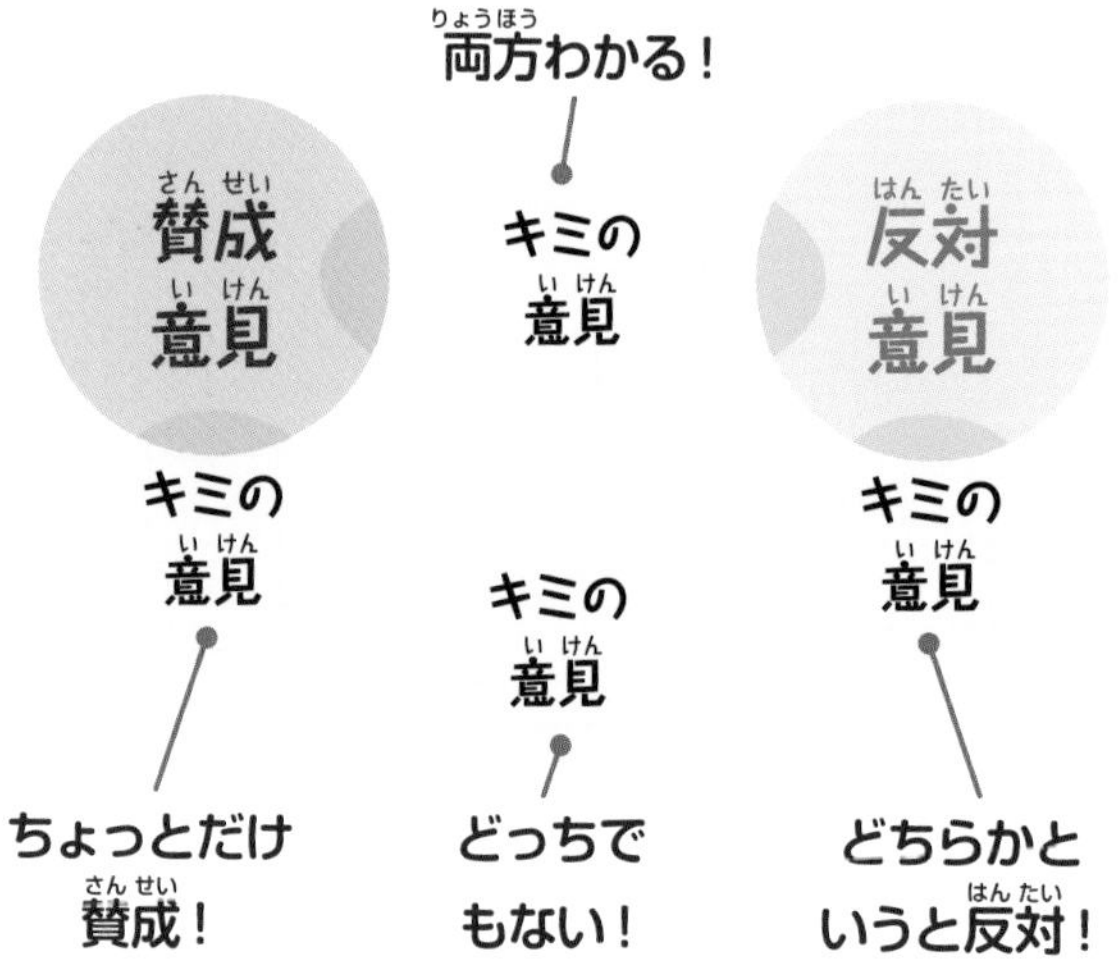
両方《りょうほう》わかる！
キミの意見《いけん》
賛成《さんせい》意見《いけん》
反対《はんたい》意見《いけん》
キミの意見《いけん》
ちょっとだけ賛成《さんせい》！
キミの意見《いけん》
どっちでもない！
キミの意見《いけん》
どちらかというと反対《はんたい》！

キミの意見《いけん》はどのへんにあるか、考《かんが》えてみよう！

まずは調《しら》べる！

ステップ1

たとえば、テーマを「温暖化対策《おんだんかたいさく》」に決《き》めたとしよう。
まずは、次《つぎ》の三《みっ》つの項目《こうもく》について、調《しら》べて書《か》き込《こ》んでみよう。

定義《ていぎ》

「温暖化対策《おんだんかたいさく》」って何《なに》？

背景《はいけい》

なぜ「温暖化対策《おんだんかたいさく》」が必要《ひつよう》？

経緯《けいい》

どんなふうに進《すす》められてきた？

まずはじめに「定義《ていぎ》」「背景《はいけい》」「経緯《けいい》」を整理《せいり》するのは、テーマが変《か》わっても同《おな》じだよ。「宇宙《うちゅう》のブラックホールについて」「難民問題《なんみんもんだい》について」「選挙《せんきょ》の投票率《とうひょうりつ》が低《ひく》いことについて」など、さまざまな社会《しゃかい》の問題《もんだい》がテーマになるよ。

キミの意見《いけん》は？

ステップ 2

テーマの「温暖化対策《おんだんかたいさく》」について、賛成意見《さんせいいけん》（評価《ひょうか》されている点《てん》）と反対《はんたい》意見《いけん》（批判《ひはん》されている点《てん》）を整理《せいり》し、その上《うえ》でキミの意見《いけん》を書《か》いてみよう！

賛成意見《さんせいいけん》

反対意見《はんたいいけん》

キミの意見《いけん》

ここまで調《しら》べてくると、キミの中《なか》にも「やっぱりこれはおかしいかも？」とか、「これはどんどん進《すす》めていくべき」といった思《おも》いが生《う》まれると思《おも》う。それを素直《すなお》に書《か》こう！

ステップ 3

じっさいに書《か》いてみよう!

❶・❷で挙《あ》げた内容《ないよう》を、文章《ぶんしょう》にまとめてみよう。❶→❷と順番《じゅんばん》に書《か》いていき、最後《さいご》にキミの意見《いけん》を書《か》くとまとまりがよくなるよ。

何《なに》をどんな順序《じゅんじょ》で調《しら》べて、何《なに》と何《なに》を
書《か》くかっていう基本《きほん》がわかったから、
書《か》ける気《き》がする!

そうそう、その調子《ちょうし》!
作文《さくぶん》が苦手《にがて》という人《ひと》は多《おお》いけど、**書《か》き方《かた》の**
基本《きほん》がわかれば、あとは応用《おうよう》すれば OK。
作文《さくぶん》を書《か》くのが楽《たの》しくなるといいな!

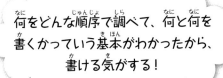

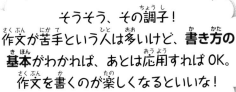

コラム

ちがう言葉《ことば》で表現《ひょうげん》しよう

作文《さくぶん》で、いつも同《おな》じような言葉《ことば》ばかり使《つか》ってしまうっていうことはないかな？　ちがう表現《ひょうげん》で書《か》く練習《れんしゅう》をしてみよう！

「楽《たの》しい」を別《べつ》の表現《ひょうげん》にすると……

- 心《こころ》が明《あか》るくなる。
- ウキウキして落《お》ち着《つ》かない。
- 一《ひと》つ一《ひと》つの細胞《さいぼう》が喜《よろこ》んでいる。
- この時間《じかん》がずっと続《つづ》くといい。
- 夢《ゆめ》の中《なか》にいるようだ。

「ムカつく」を別《べつ》の表現《ひょうげん》にすると……

- 瞬間湯沸《しゅんかんゆわ》かし器《き》になった気分《きぶん》。
- ワナワナとふるえる。
- はらわたが煮《に》えくり返《かえ》る。
- 怒《いか》り心頭《しんとう》に発《はっ》する。
- 堪忍袋《かんにんぶくろ》の緒《お》が切《き》れる。

第《だい》3章《しょう》

中《ちゅう》学《がっ》校《こう》受《じゅ》験《けん》に役《やく》立《だ》つ作《さく》文《ぶん》必《ひっ》勝《しょう》法《ほう》！

課題《かだい》
1

「この中学校《ちゅうがっこう》を選《えら》んだ理由《りゆう》（志望動機《しぼうどうき》）」

「志望動機《しぼうどうき》」は受験《じゅけん》に必須《ひっす》の課題《かだい》だよ。作文《さくぶん》でも書《か》けて、面接《めんせつ》でも答《こた》えられるようにしておこう。

中学校受験《ちゅうがっこうじゅけん》をするときに、必《かなら》ず課題《かだい》になるのが「志望動機《しぼうどうき》」。

そのときに「レベルが高《たか》いから」とか「なんとなく……」と答《こた》えるのは、印象《いんしょう》がいいものではないね。自信《じしん》を持《も》って答《こた》えられるように、志望動機《しぼうどうき》の書《か》き方《かた》を練習《れんしゅう》しておこう。これは大人《おとな》になって社会人《しゃかいじん》になるときにも必要《ひつよう》だよ！

ポイント

「学校《がっこう》の特徴《とくちょう》」と「キミの希望《きぼう》」の共通点《きょうつうてん》をさぐろう！

志望動機《しぼうどうき》で重要《じゅうよう》なのは、「なぜキミが、ほかの学校《がっこう》ではなくこの学校《がっこう》を選《えら》んだのか？」ということ。

つまり、「この学校《がっこう》とキミの共通点《きょうつうてん》はどこか？」を見《み》つけるのが大事《だいじ》なんだね。

学校《がっこう》の
特徴《とくちょう》・理念《りねん》
キミの
特徴《とくちょう》・希望《きぼう》
この部分《ぶぶん》が
「志望動機《しぼうどうき》」になるよ。

受験《じゅけん》したい中学校《ちゅうがっこう》を調《しら》べよう！

ステップ 1

まずは、受験《じゅけん》したい中学校《ちゅうがっこう》の特徴《とくちょう》や理念《りねん》を調《しら》べて書《か》き出《だ》してみよう。
進学実績《しんがくじっせき》や有名《ゆうめい》な卒業生《そつぎょうせい》、部活動《ぶかつどう》の特徴《とくちょう》なども知《し》っておきたいね。

学校《がっこう》の理念《りねん》

部活動《ぶかつどう》

施設《しせつ》・設備《せつび》

進学実績《しんがくじっせき》

卒業生《そつぎょうせい》

その他《た》 特徴的《とくちょうてき》なこと

勉強以外《べんきょういがい》のことで、楽《たの》しい行事《ぎょうじ》や部活《ぶかつ》があるといいなあ。
あこがれの人《ひと》が卒業生《そつぎょうせい》にいるっていうことでもいいんだね！
ここでは、相手《あいて》（志望校《しぼうこう》）を知《し》ることが大事《だいじ》だよ！いろんな視点《してん》から調《しら》べてみよう。

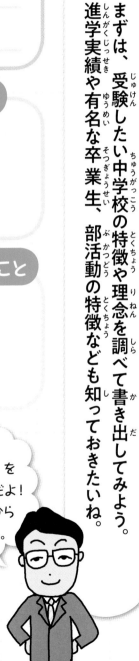

やりたいことや興味《きょうみ》のあることは？

ステップ 2

①で挙《あ》げた事柄《ことがら》の中《なか》で、キミ自身《じしん》のやりたいことや興味《きょうみ》のあることに通《つう》じるのは何《なに》かな？ 例《れい》に沿《そ》って書《か》き出《だ》してみよう。

例《れい》1 合唱部《がっしょうぶ》が全国大会《ぜんこくたいかい》に出場《しゅつじょう》している

▶中学校《ちゅうがっこう》では合唱《がっしょう》をやってみたいので、強《つよ》い部活《ぶかつ》に入《はい》って全国大会《ぜんこくたいかい》に出場《しゅつじょう》できるようにがんばりたい。

例《れい》2 理科系《りかけい》の授業《じゅぎょう》が充実《じゅうじつ》している

▶将来《しょうらい》は宇宙《うちゅう》の研究《けんきゅう》がしたいと思《おも》っているから、理科系《りかけい》についてしっかり勉強《べんきょう》できる学校《がっこう》がいいと思《おも》った。

ポイント キミと相手《あいて》(志望校《しぼうこう》)をすり合《あ》わせる！

「ほかの学校《がっこう》ではなく、この学校《がっこう》がいい」ということを説得力《せっとくりょく》をもって伝《つた》えるために、キミと学校《がっこう》の共通点《きょうつうてん》をさぐってすり合《あ》わせるんだよ。

こうやって考《かんが》えていくと、この学校《がっこう》に入《はい》りたいと思《おも》うし、受験《じゅけん》にもやる気《き》が出《で》てくるね！

ステップ 3

じっさいに書《か》いてみよう！

①と②をふまえて、志望動機《しぼうどうき》を書《か》いてみよう！

わたしがなぜ貴校《きこう》を志望《しぼう》したかというと、
第一《だいいち》に……

勉強《べんきょう》のことだけ書《か》くとマジメすぎるし、部活《ぶかつ》のことだけだと「勉強《べんきょう》は?!」って思《おも》われそうだしね。よし、両方《りょうほう》書《か》こう！

ポイント 「第一《だいいち》に〜、第二《だいに》に〜、第三《だいさん》に〜」と理由《りゆう》は三《みっ》つ！

志望《しぼう》の理由《りゆう》は三《みっ》つ書《か》こう。三《みっ》つ書《か》くと、勉強《べんきょう》や部活《ぶかつ》などバリエーションが出《で》て、読《よ》む人《ひと》もキミがどんな生徒《せいと》なのかイメージしやすくなるからね。

課題《かだい》

2

「小学校生活《しょうがっこうせいかつ》の思《おも》い出《で》」

小学校生活《しょうがっこうせいかつ》は6年間《ねんかん》、たくさんの思《おも》い出《で》があるよね。ほかの人《ひと》とはちがう、キミらしい作文《さくぶん》を書《か》けるようになろう！

「思《おも》い出《で》」というテーマだと、運動《うんどう》会《かい》や発表会《はっぴょうかい》、スポーツの試合《しあい》や修学旅行《しゅうがくりょこう》など、大《おお》きなイベントをテーマにしがちだよね。

でも、必《かなら》ずしも大《おお》きなテーマにする必要《ひつよう》はないんだ。たとえ出来事《できごと》は小《ちい》さくても、キミにとって大《おお》きな変化《へんか》をもたらすものだったり、考《かんが》えが変《か》わるきっかけになるようなことを作文《さくぶん》のテーマに選《えら》んでみよう！

ポイント

「思《おも》い出《で》」という課題《かだい》では、「キミがどんな人《ひと》か」を伝《つた》える！

「修学旅行《しゅうがくりょこう》が楽《たの》しかった」「学習《がくしゅう》発表《はっぴょう》で緊張《きんちょう》した」「運動会《うんどうかい》で勝《か》ったのがうれしかった」というふうに感想《かんそう》を書《か》くだけだと、ほかの人《ひと》と内容《ないよう》が同《おな》じになってしまうことがあるよね。

それに、「キミらしさ」が見《み》えてこないんだ。

ここでは、「キミがどんな人《ひと》か」が読《よ》む人《ひと》に伝《つた》わる作文《さくぶん》の書《か》き方《かた》を練習《れんしゅう》していくよ。

たしかに、出来事《できごと》とかは友《とも》だちと同《おな》じになっちゃう……。
思《おも》い出《で》の内容《ないよう》だけでなく、「キミ自身《じしん》のこと」を書《か》くんだよ。

キミはどう変《か》わったか?

ステップ 1

「思《おも》い出《で》」というテーマの作文《さくぶん》は、「〇〇（思《おも》い出《で》）によって、キミがどう変化《へんか》したか」を書《か》くのが大事《だいじ》だよ。

元《もと》のキミ
思《おも》い出《で》
（楽《たの》しい、悲《かな》しい、つらい……など）
初《はじ》めて知《し》ったよ！
知《し》らなかったことを知《し》った、今《いま》のキミ
感動《かんどう》したなあ！
心《こころ》が動《うご》いて感動《かんどう》した、今《いま》のキミ
ごめん、反省《はんせい》！
反省《はんせい》して考《かんが》えを変《か》えた、今《いま》のキミ

どんな思《おも》い出《で》があって、それでどんな変化《へんか》があったかを書《か》くと、「どんな人《ひと》か」が伝《つた》わるんだね。
あっ、今《いま》までは思《おも》い出《で》の内容《ないよう》ばかり書《か》いてたかも……。
ある「思《おも》い出《で》」を経《へ》て、「元《もと》のキミ」が「今《いま》のキミ」に変化《へんか》したプロセスを作文《さくぶん》にするんだ！

ステップ 2

何《なに》が変化《へんか》したか？

参加《さんか》したさまざまな行事《ぎょうじ》やイベントについて、思《おも》い出《だ》してみよう。

元《もと》のキミ

① 行事《ぎょうじ》に参加《さんか》したこと

今《いま》のキミ

どんなふうに変《か》わった？
「元《もと》のキミ」と何《なに》がちがう？

運動会《うんどうかい》で絶対《ぜったい》に負《ま》けたくないと思《おも》っていたけど、一生懸命《いっしょうけんめい》がんばったから、勝敗《しょうはい》にかかわらず楽《たの》しかったな。

運動会《うんどうかい》、合唱《がっしょう》コンクール、文化祭《ぶんかさい》などいろいろ思《おも》い出《だ》してごらん。それによってどう変化《へんか》したかというところに「キミらしさ」が出《で》るんだよ。

失敗《しっぱい》体験《たいけん》を思《おも》い出《だ》そう！

ステップ

3

次《つぎ》は、失敗《しっぱい》体験《たいけん》について書《か》いてみよう。恥《は》ずかしくて思《おも》い出《だ》したくないかもしれないけど、その経験《けいけん》はキミの成長《せいちょう》につながっているはずだよ。

元《もと》のキミ

2 失敗《しっぱい》したこと、うまくいかなかったこと

どんなふうに変《か》わった？
「元《もと》のキミ」と何《なに》がちがう？

今《いま》のキミ

失敗《しっぱい》したことは
たくさんあるけど、
そのおかげで次《つぎ》から
失敗《しっぱい》しなくなったこと
を書《か》こう！

だれにだって失敗《しっぱい》はある！
それをどういかしたか、それによって
どう変化《へんか》したかというところに
「キミらしさ」が出《で》るんだよ。

知《し》らない土地《とち》・人《ひと》に出会《であ》った！

ステップ
4

旅行《りょこう》で知《し》らない土地《とち》に行《い》ったとか、引《ひ》っ越《こ》したことはあるかな？ また、外国《がいこく》の友《とも》だちができたなど、〝異文化《いぶんか》〟に触《ふ》れた経験《けいけん》を思《おも》い出《だ》してみよう。

元《もと》のキミ

③ 知《し》らない土地《とち》・人《ひと》に出会《であ》ったこと

どんなふうに変《か》わった？
「元《もと》のキミ」と何《なに》がちがう？

今《いま》のキミ

引《ひ》っ越《こ》してきたばかりのころは戸惑《とまど》ったけど、新鮮《しんせん》な気持《きも》ちもあって、だんだんと楽《たの》しくなってきたなあ。

自分《じぶん》の知《し》らないもの、ちがうものに出会《であ》うと、はじめは混乱《こんらん》するよね。でも、ちがいを楽《たの》しむことができると、知識《ちしき》も体験《たいけん》も深《ふか》くなるんだよ。

芸術《げいじゅつ》やスポーツを見《み》て感動《かんどう》した！

ステップ 5

美術《びじゅつ》や音楽《おんがく》のコンサート、映画《えいが》や舞台《ぶたい》、あるいはスポーツ観戦《かんせん》などで、心《こころ》がふるえるような感動体験《かんどうたいけん》をしたことはあるかな？

元《もと》のキミ

④ 芸術《げいじゅつ》やスポーツを見《み》て感動《かんどう》したこと

どんなふうに変《か》わった？
「元《もと》のキミ」と何《なに》がちがう？

今《いま》のキミ

ミュージカルを見《み》たとき、
英語《えいご》の歌《うた》だったけど思《おも》わず
涙《なみだ》が出《で》ちゃった……。
歌《うた》の力《ちから》は言葉《ことば》を超《こ》えると
感《かん》じたんだ。

ただ「感動《かんどう》した」というだけではなく、
その体験《たいけん》をすることでキミの中《なか》で芸術《げいじゅつ》への
あこがれやリスペクト（尊敬《そんけい》）が生《う》まれた
ことがあれば、書《か》いてみよう！

ステップ 6

家族《かぞく》との「思《おも》い出《で》」は?

家族《かぞく》の中《なか》で印象的《いんしょうてき》な思《おも》い出《で》はあるかな? 結婚式《けっこんしき》があったとか、お葬式《そうしき》があったとか、家族《かぞく》の中《なか》での〝非日常《ひにちじょう》〟を思《おも》い出《だ》してみよう。

元《もと》のキミ

⑤ 家族《かぞく》の中《なか》で起《お》こったこと

どんなふうに変《か》わった?
「元《もと》のキミ」と何《なに》がちがう?

今《いま》のキミ

お姉《ねえ》ちゃんが一人暮《ひとりぐ》らしをはじめたことで、なんとなく家族《かぞく》の感《かん》じが変《か》わった気《き》がするなあ。

日常《にちじょう》をともにしている家族《かぞく》の中《なか》でも、「珍《めずら》しいこと」「変《か》わった出来事《できごと》」「特別《とくべつ》なイベント」などはあるかもしれないね。家族関係《かぞくかんけい》がちょっと変《か》わったようなことがあれば、書《か》いてみよう。

ステップ 7

じっさいに書《か》いてみよう!

❷〜❻の中《なか》で、テーマを一《ひと》つ選《えら》んで作文《さくぶん》を書《か》いてみよう!

いろんなことを思《おも》い出《だ》したら、楽《たの》しくなってきた!作文《さくぶん》もうまく書《か》ける気《き》がしてきたよ!

ポイント

ネガティブ→ポジティブといった変化《へんか》はGOOD《グッド》!

はじめは苦手《にがて》(きらい、イヤ)だったけど、ある出来事《できごと》を経《へ》て得意《とくい》(好《す》き)になったこととかは、作文《さくぶん》に書《か》きやすいかもね。

課題《かだい》

3

「自分《じぶん》の長所《ちょうしょ》と短所《たんしょ》」

友《とも》だちの長所《ちょうしょ》と短所《たんしょ》はわかっても、自分《じぶん》のことはなかなかわからないよね。中学入試《ちゅうがくにゅうし》の面接《めんせつ》などで聞《き》かれることもあるから、今《いま》から準備《じゅんび》しておこう！

「長所《ちょうしょ》と短所《たんしょ》」というテーマでみんなが悩《なや》むのは、「短所《たんしょ》はわかるけど、長所《ちょうしょ》って何《なん》だろう？」ってことかな。

自分《じぶん》のいいところって、なかなか思《おも》い浮《う》かばないかもしれないね。

ここでは、長所《ちょうしょ》と短所《たんしょ》を同時《どうじ》に思《おも》い出《だ》す〝表裏一体方式《ひょうりいったいほうしき》〟を使《つか》って練習《れんしゅう》していくよ。

ポイント

長所《ちょうしょ》と短所《たんしょ》の作文《さくぶん》では、必《かなら》ず「具体的《ぐたいてき》な出来事《できごと》」を書《か》こう！

「わたしの長所《ちょうしょ》は○○です。わたしの短所《たんしょ》は△△です」だけで作文《さくぶん》が終《お》わっちゃうよ！　と思《おも》っていないかな？

どんな場面《ばめん》でその長所《ちょうしょ》が出《で》てよかったのか、どんな場面《ばめん》でその短所《たんしょ》が出《で》て失敗《しっぱい》したのか、具体的《ぐたいてき》な出来事《できごと》を思《おも》い出《だ》して書《か》くことが大事《だいじ》だよ。

そっか、長所《ちょうしょ》と短所《たんしょ》を書《か》くだけじゃなくて、それに関《かん》する出来事《できごと》も書《か》くんだね。
自分《じぶん》の性格《せいかく》でうまくいったことって、何《なに》かなあ？

長所《ちょうしょ》と短所《たんしょ》は"表裏一体《ひょうりいったい》"！

ステップ 1

長所《ちょうしょ》と短所《たんしょ》を思《おも》い出《だ》す方法《ほうほう》として、キミの特徴的《とくちょうてき》な性格《せいかく》を一《ひと》つ思《おも》い出《だ》そう。それがいい面《めん》として表《あらわ》れるときと、悪《わる》い面《めん》として表《あらわ》れるときを考《かんが》えてみよう！ 長所《ちょうしょ》と短所《たんしょ》は"表裏一体《いったい》"なんだよ。

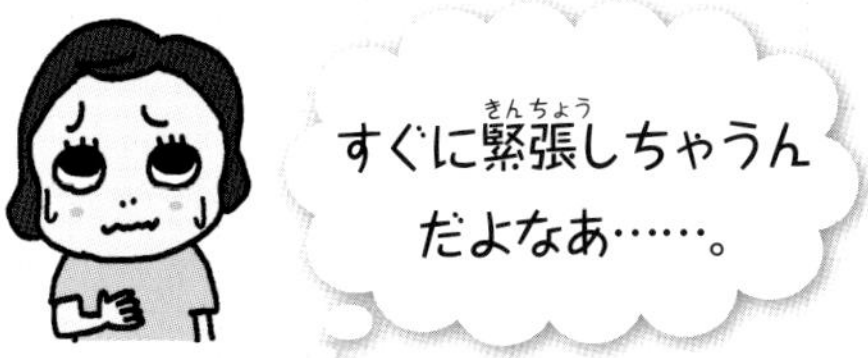
すぐに緊張《きんちょう》しちゃうんだよなあ……。

特徴的《とくちょうてき》な性格《せいかく》： よく緊張《きんちょう》する

緊張《きんちょう》する性格《せいかく》だから失敗《しっぱい》したこと（＝悪《わる》い面《めん》）

グループ発表《はっぴょう》のときに、緊張《きんちょう》しすぎてみんなからの質問《しつもん》が頭《あたま》に入《はい》ってこなかった。

緊張《きんちょう》する性格《せいかく》だからできたこと（＝いい面《めん》）

テストの前《まえ》には緊張《きんちょう》するのがわかっているから、時間《じかん》に余裕《よゆう》をもって準備《じゅんび》するようにしている。

パニックになったんだね。うーん、これは短所《たんしょ》かも。

いいね！「緊張《きんちょう》」がキミの長所《ちょうしょ》になっているよ！

ポイント **長所《ちょうしょ》と短所《たんしょ》をバラバラに思《おも》い出《だ》すと、じつは作文《さくぶん》が書《か》きにくい！**

たとえば、「長所《ちょうしょ》は運動神経《うんどうしんけい》がいいこと、短所《たんしょ》は寝坊《ねぼう》すること」だとしよう。この二《ふた》つを使《つか》って文章《ぶんしょう》を作《つく》ると、関連《かんれん》がないからつなげにくいんだね。だから、一《ひと》つの特徴《とくちょう》の表《おもて》・裏《うら》とすると、「一方《いっぽう》では〜、もう一方《いっぽう》では〜」と、文章《ぶんしょう》が書《か》きやすいんだよ。

キミの長所《ちょうしょ》と短所《たんしょ》は？

ステップ 2

①の例《れい》に沿《そ》って、キミ自身《じしん》のことを思《おも》い出《だ》して書《か》き込《こ》んでみよう。

キミ→

特徴的《とくちょうてき》な性格《せいかく》：

だから 失敗《しっぱい》したこと（＝悪《わる》い面《めん》）	だから できたこと（＝いい面《めん》）

よく言《い》われるのは、
「慎重《しんちょう》すぎる」ってことかなあ。
ちょっとでも雨《あめ》が降《ふ》りそうだと必《かなら》ず
傘《かさ》を持《も》って行《い》くから、ぬれたことは
ないんだけど、結局《けっきょく》降《ふ》らなかった
ときは一人《ひとり》だけ傘《かさ》を持《も》っていて
恥《は》ずかしいんだよね……。

性格《せいかく》は、ちょっとおせっかい
かもなあ。友《とも》だちが困《こま》ったときには
すぐに相談《そうだん》に乗《の》るから
頼《たよ》りにされているところはあるけど、
「大丈夫《だいじょうぶ》？　どうしたの？」って
聞《き》きすぎて友《とも》だちが引《ひ》いてる
ときもあるし……。

出来事《できごと》・会話《かいわ》を書《か》いてみよう!

ステップ 3

②の「いい面《めん》」「悪《わる》い面《めん》」について、具体的《ぐたいてき》な出来事《できごと》や会話《かいわ》を思《おも》い出《だ》して書《か》いてみよう!

「いい面《めん》」の出来事《できごと》・会話《かいわ》

「悪《わる》い面《めん》」の出来事《できごと》・会話《かいわ》

ポイント

「〇〇〇な性格《せいかく》すぎて、〜してしまった」というエピソードはあるかな?

〝表裏一体方式《ひょうりいったいほうしき》〟のポイントは、「〇〇〇な性格《せいかく》が、人《ひと》よりちょっと強《つよ》めに出《で》ちゃう」ということ。それが、時《とき》にいい面《めん》になったり悪《わる》い面《めん》になったりするんだ。緊張《きんちょう》してうまくいくこともあるし、緊張《きんちょう》して失敗《しっぱい》することもある。これが長所《ちょうしょ》と短所《たんしょ》になるよ。

ステップ 4

②・③で、特徴《とくちょう》やいい面《めん》・悪《わる》い面《めん》が見《み》つからなかったときは、周《まわ》りの人《ひと》に聞《き》いてみよう!

友《とも》だちに聞《き》いてみよう!

学校《がっこう》の先生《せんせい》に聞《き》いてみよう!

家族《かぞく》に聞《き》いてみよう!

じっさいに書《か》いてみよう！

ステップ 5

②～④をまとめて、作文《さくぶん》を書《か》いてみよう！

性格《せいかく》を変《か》えるんじゃなくて、それをどういいことにいかしていくかってことだね！

ポイント 人《ひと》はみんな、いいところと悪《わる》いところが表裏一体《ひょうりいったい》

もしキミが、欠点《けってん》だと思《おも》うところがあっても、それがいい方向《ほうこう》に出《で》る場合《ばあい》もあるんだ。だから、落《お》ち込《こ》むことはないよ。みんなそうなんだから！

課題《かだい》
4

「友《とも》だちとの関係《かんけい》」

友《とも》だちとのことは、楽《たの》しいことも悲《かな》しいことも、たくさんの出来事《できごと》があるよね。それをどう作文《さくぶん》に落《お》とし込《こ》んでいくか、いっしょにやっていこう。

友《とも》だちとの関係《かんけい》について書《か》くときは、「今現在《いまげんざい》、仲《なか》がいい状態《じょうたい》」や「どんなふうに仲《なか》がいいか」を書《か》くのではなく、「何《なに》があって仲良《なかよ》くなったのか」というプロセスを書《か》くのがポイントだよ。

そのプロセスが、ほかの友《とも》だちにはないキミたちだけの思《おも》い出《で》ということになるからね。

ポイント

「出会《であ》い→出来事《できごと》→関係《かんけい》の変化《へんか》」の三段論法《さんだんろんぽう》で書《か》こう!

その友《とも》だちにはじめて会《あ》ったときのことを覚《おぼ》えているかな。第一印象《だいいちいんしょう》はどうだった? はじめから仲良《なかよ》くなれそうだと思《おも》ったかな? それとも、あんまり仲良《なかよ》くなれそうにないと思《おも》ったかな? 今《いま》は仲《なか》がいいとしたら、そうなるきっかけの出来事《できごと》があったはずだよね。

そのプロセスを思《おも》い出《だ》してみよう!

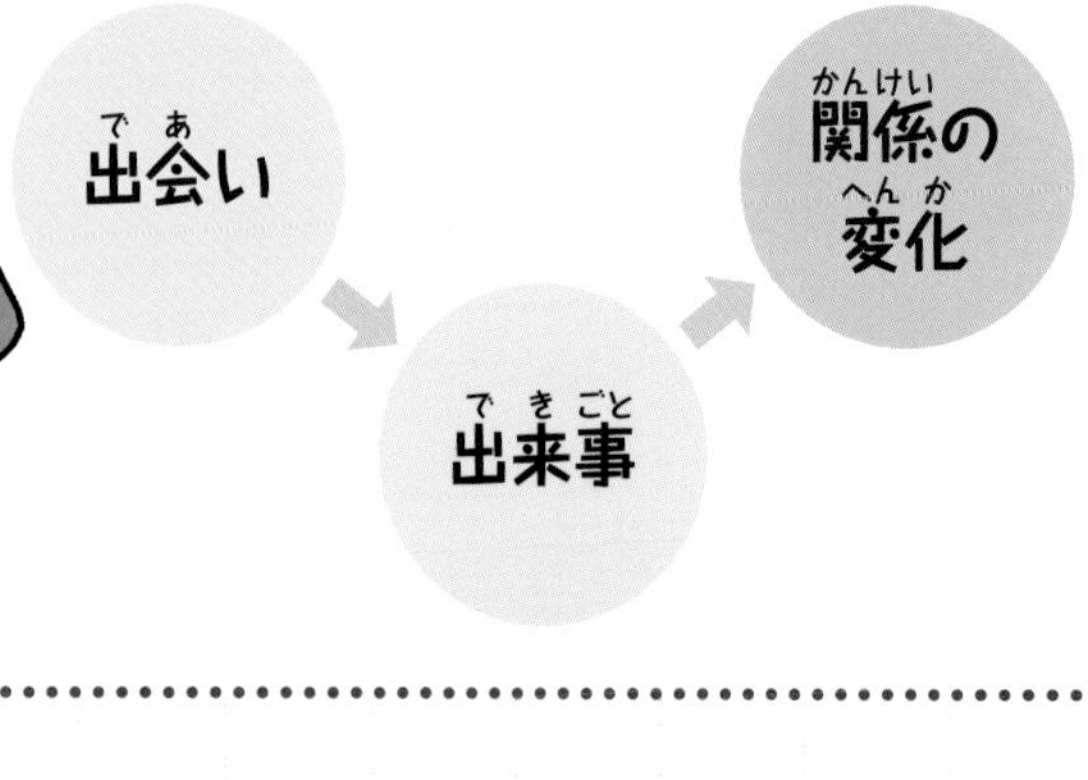

ステップ 1

友《とも》だちとの関係《かんけい》の変化《へんか》、というテーマで考《かんが》えてみると、いくつかのバージョンがあるね。キミはどのバージョンがいいか、考《かんが》えてみてね。

A すっごく仲良《なかよ》くなったバージョン

はじめはそんなに仲良《なかよ》くなかった → ある出来事《できごと》がきっかけで、話《はな》すようになった → 話《はな》すようになったら、すっごく仲良《なかよ》くなった

B 特別《とくべつ》な友《とも》だちになったバージョン

普通《ふつう》に仲《なか》がよかった → ある時《とき》、二人《ふたり》だけの秘密《ひみつ》をもった → ちょっと特別《とくべつ》な友《とも》だちになった

C 困難《こんなん》を乗《の》り超《こ》えたバージョン

普通《ふつう》に仲《なか》がよかった → たいへんな課題《かだい》を協力《きょうりょく》してやり終《お》えた → 今《いま》までより強《つよ》い絆《きずな》ができた

D 別《わか》れちゃったバージョン

仲良《なかよ》くしていた → 友《とも》だち（キミ）が転校《てんこう》することになった → 別《わか》れぎわに、心《こころ》に残《のこ》る話《はなし》をした

必《かなら》ずしも、すごく仲《なか》のいい友《とも》だちでなくてもいいんだよ。いつもいっしょにいるわけではないけれど、お互《たが》いに特別《とくべつ》な関係《かんけい》だと思《おも》っている、っていうのもいいよね。

思《おも》い出《で》は何《なに》かな？

ステップ 2

❶のバージョンの中《なか》で、キミと友《とも》だちとの思《おも》い出《で》は、どれに当《あ》てはまるだろう。三《みっ》つ思《おも》い出《だ》して書《か》き込《こ》んでみよう。

仲良《なかよ》くなったきっかけ……

関係《かんけい》が変《か》わった出来事《できごと》……

どうなった……

課題《かだい》で困《こま》っているときに、丁寧《ていねい》におしえてくれて仲良《なかよ》くなったんだよね。うれしかったなあ。

あっ！　一回《いっかい》ケンカして仲良《なかよ》くなったこともあったなあ。今《いま》では親友《しんゆう》だけどね！

ステップ 3

② では、関係《かんけい》が変《か》わった「出来事《できごと》」を一《ひと》つ書《か》いたよね。ほかにも、その友《とも》だちとの忘《わす》れられない出来事《できごと》や印象《いんしょう》に残《のこ》っている出来事《できごと》を、二《ふた》つくらい思《おも》い出《だ》してみよう。

ふざけて遊《あそ》んだこととか、マジメじゃないことでもいいんだよね。それならいっぱいある！

ポイント 具体的《ぐたいてき》なエピソードは三《みっ》つあると説得力《せっとくりょく》が出《で》る！

関係《かんけい》が変《か》わったきっかけは一《ひと》つでも、それとは別《べつ》に忘《わす》れられない出来事《できごと》もあるよね。作文《さくぶん》に書《か》くときは、エピソードを三《みっ》つ用意《ようい》しておくといいよ。そうすると説得力《せっとくりょく》が出《で》るからね。

ステップ 4

❷・❸で、友《とも》だちとの出来事《できごと》やエピソードを思《おも》い出《だ》したね。❹では、交《か》わした会話《かいわ》を思《おも》い出《だ》してみよう。どんなときに、友《とも》だちが言《い》ってくれた言葉《ことば》がうれしかったかな？

（　　　　）のときに、「　　　　」と言《い》ってくれた。

（　　　　）のときに、「　　　　」と言《い》ってくれた。

（　　　　）のときに、「　　　　」と言《い》ってくれた。

作文《さくぶん》の中《なか》に「実際《じっさい》に言《い》った言葉《ことば》」があると、読《よ》む人《ひと》の心《こころ》に強《つよ》く残《のこ》るよ。作文《さくぶん》は言葉《ことば》で書《か》くものだから、言葉《ことば》の選《えら》び方《かた》が大事《だいじ》なんだね。

じっさいに書《か》いてみよう！

ステップ 5

②〜④までで思《おも》い出《だ》した内容《ないよう》を、作文《さくぶん》として書《か》いてみよう。

友《とも》だちとの思《おも》い出《で》を書《か》くことで、キミ自身《じしん》の変化《へんか》や成長《せいちょう》もわかるよね。作文《さくぶん》を書《か》くことで、キミがそれに気《き》づくことも大切《たいせつ》なんだ。

いつもいっしょにいるから気《き》づかなかったけど、友《とも》だちっていろいろな刺激《しげき》をくれる存在《そんざい》なんだね。

コラム

あいうえお作《さく》文《ぶん》

「あいうえお」の五文字《ごもじ》を頭《あたま》につけて、文章《ぶんしょう》を書《か》いてみよう！

あ　朝《あさ》起《お》きて
い　いつものように
う　うきうきで
え　笑《え》顔《がお》いっぱいで
お　おもちを食《た》べたよ

あ
い
う
え
お

「**あ**したは遠足《えんそく》」とか、
「**あ**さがおが」とか、
書《か》きはじめの
1行《ぎょう》目《め》が決《き》まると、
どんどん進《すす》むよ！

第《だい》4章《しょう》

いろいろな文章《ぶんしょう》の書《か》き方《かた》

課題《かだい》 1

「物語《ものがたり》の要約《ようやく》（浦島太郎《うらしまたろう》）」

短《みじか》い文章《ぶんしょう》で、物語全体《ものがたりぜんたい》がわかるようにまとめるのが要約《ようやく》。ここでは、みんなが知《し》っている物語《ものがたり》「浦島太郎《うらしまたろう》」の要約《ようやく》をやってみよう。

要約文《ようやくぶん》は、「物語《ものがたり》をできるだけ少《すく》ない言葉《ことば》で説明《せつめい》しよう」というのが目的《もくてき》。

問題《もんだい》として出《だ》されるときは、たいてい「○字以内《じいない》」という字数制《じすうせい》限《げん》があるから、それにおさまるようにしよう。

「これ以上言葉《いじょうことば》を減《へ》らすとストーリーがわからなくなる」というくらい、言葉《ことば》をしぼりこむのが重要《じゅうよう》だよ。

ポイント

絶対《ぜったい》にないと困《こま》る（＝物語《ものがたり》が成立《せいりつ》しない）キーワードをおさえよう！

「浦島太郎《うらしまたろう》」の物語《ものがたり》だったら、たとえば「浦島太郎《うらしまたろう》」は主人公《しゅじんこう》だから絶対《ぜったい》に必要《ひつよう》だよね。ラストで浦島太郎《うらしまたろう》はおじいさんになってしまうんだけど、それは「玉手箱《たまてばこ》」を開《あ》けてしまったから。だから「おじいさん」と「玉手箱《たまてばこ》」も必要《ひつよう》。

こんなふうに、まずはキーワードを見《み》つけることからはじめてみよう！

まずはトライ！

ステップ1

「浦島《うらしま》太郎《たろう》」を何《なに》も見《み》ずに、100字《じ》で要約《ようやく》してみよう。次《つぎ》のページから解説《かいせつ》をするから、まずはチャレンジだ！

実際《じっさい》に書《か》いてみると
むずかしいなぁ。
とにかく大事《だいじ》だと思《おも》うと
ころを書《か》いてみよう！

ステップ 2

実際《じっさい》にやってみるとむずかしかったかな？　それでは、どうすれば書《か》けるようになるか順《じゅん》を追《お》って説明《せつめい》するね。左《ひだり》に挙《あ》げたのは、「浦島太郎《うらしまたろう》」に出《で》てくる主《おも》な名詞《めいし》（人《ひと》や物事《ものごと》をあらわす言葉《ことば》）。この中《なか》で、要約《ようやく》するのに欠《か》かせない言葉《ことば》はどれだろう？

浜辺《はまべ》
子供《こども》たち
カメ
竜宮城《りゅうぐうじょう》
タイやヒラメ
浦島太郎《うらしまたろう》
ごちそう
玉手箱《たまてばこ》
乙姫様《おとひめさま》
おじいさん
けむり

「タイやヒラメ」って必要《ひつよう》かなあ？　なんかわき役《やく》っぽいけど。
「カメ」は絶対《ぜったい》に必要《ひつよう》だよね。カメがいなかったら竜宮城《りゅうぐうじょう》に行《い》けないんだから。
「これがなくても、ストーリーはわかるな」と思《おも》うものは、はずしていいよ。

ステップ 3

❷で挙《あ》げた名詞《めいし》の中《なか》で、赤丸《あかまる》の言葉《ことば》が要約《ようやく》に欠《か》かせないものだね。これらはどんなつながりがあるか考《かんが》えてみよう。

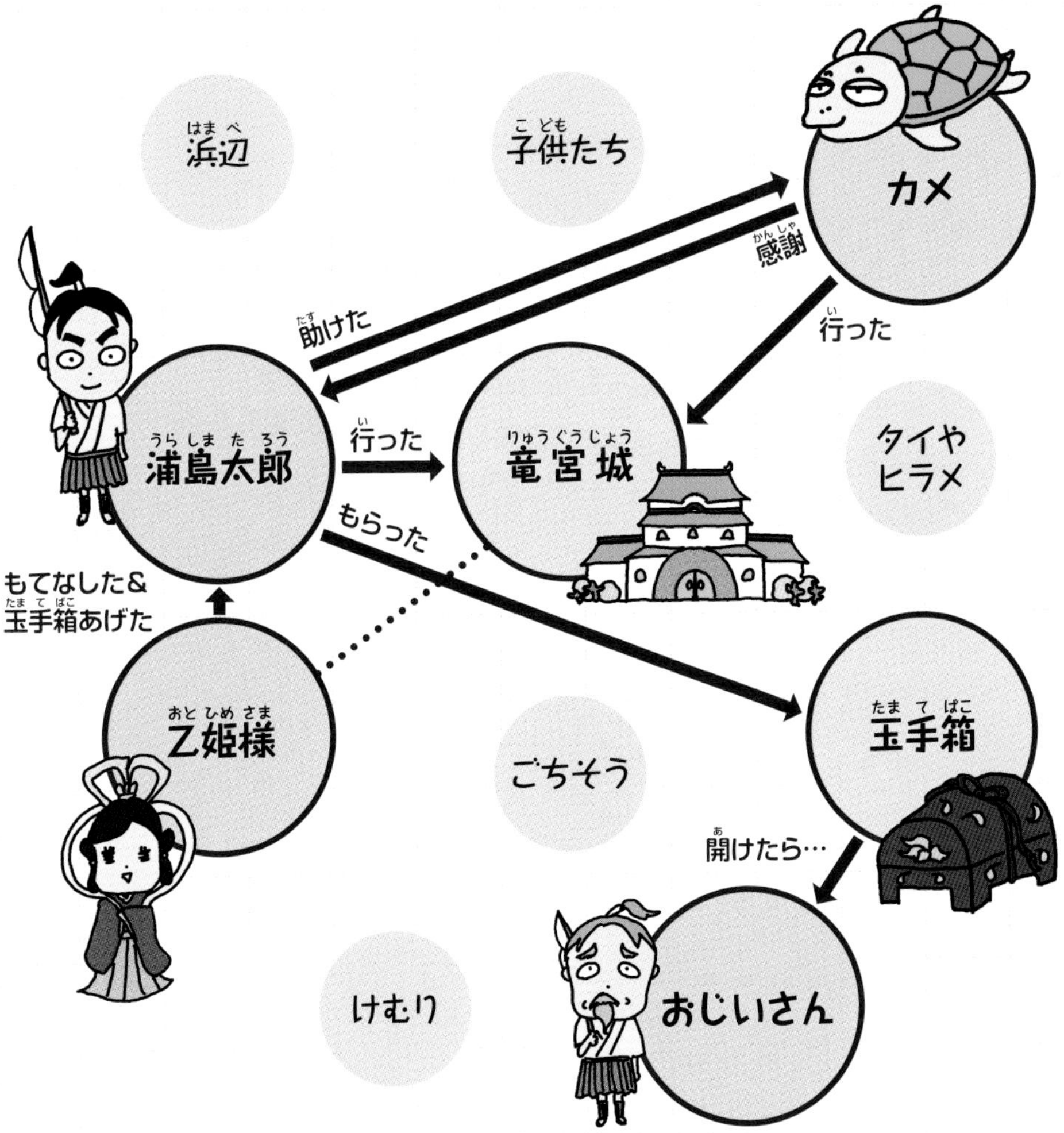
浜辺《はまべ》
子供《こども》たち
カメ
助《たす》けた
感謝《かんしゃ》
行《い》った
浦島太郎《うらしまたろう》
行《い》った
竜宮城《りゅうぐうじょう》
タイや
ヒラメ
もらった
もてなした＆
玉手箱《たまてばこ》あげた
乙姫様《おとひめさま》
ごちそう
玉手箱《たまてばこ》
開《あ》けたら…
けむり
おじいさん

ポイント 「だれがどうした」を整理《せいり》する！

キーワードがわかったら、ストーリーの順《じゅん》を追《お》って「だれが→どうした（何《なに》をした）」を整《せい》理《り》してみよう。ここまでくると、要約《ようやく》の完成《かんせい》も近《ちか》い！

こうやって整理《せいり》すると、
大事《だいじ》な言葉《ことば》と
そうでない言葉《ことば》が、
よくわかるね。

要約例《ようやくれい》だよ！

ステップ 4

2・3をふまえた要約例《ようやくれい》はこれだよ。1で書《か》いたものと比《くら》べてみよう！

カメが子供《こども》たちにイジメられていたことは省略《しょうりゃく》

昔々《むかしむかし》、浦島太郎《うらしまたろう》は、カメを助《たす》けたことで、

タイやヒラメが踊《おど》っていたことは省略《しょうりゃく》

お礼《れい》に海《うみ》の中《なか》の竜宮城《りゅうぐうじょう》に連《つ》れて行《い》ってもらいました。

ごちそうを食《た》べたことは省略《しょうりゃく》

そこで乙姫様《おとひめさま》にもてなされ、おみやげに玉手箱《たまてばこ》をもらいました。

けむりが出《で》たことは省略《しょうりゃく》

陸《りく》に戻《もど》り玉手箱《たまてばこ》を開《あ》けたら、一瞬《いっしゅん》でおじいさんになりました。

ストーリーのポイントになる出来事《できごと》を、順番《じゅんばん》に書《か》いていけばいいんだね！書《か》ける気《き》がしてきた。

ポイント 一文《いちぶん》はあまり長《なが》くならないようにする！

「〜は〜して、そして〜したので、〜になって〜した」と、一文《いちぶん》に主語《しゅご》と述語《じゅつご》がいくつもある文《ぶん》は読《よ》みにくいね。特《とく》に要約《ようやく》は簡潔《かんけつ》に書《か》くことが大事《だいじ》だよ。

コラム

浦島太郎物語の歴史《うらしまたろうものがたりのれきし》

昔話《むかしばなし》でよく知《し》られている「浦島太郎《うらしまたろう》」。その歴史《れきし》をたどっていくと、いろんな作品《さくひん》に登場《とうじょう》していることがわかるよ。

いろんな書物《しょもつ》に登場《とうじょう》！

日本初《にほんはつ》の歴史書《れきししょ》『日本書紀《にほんしょき》』、最古《さいこ》の和歌《わか》集《しゅう》である『万葉集《まんようしゅう》』（ともに奈良時代《ならじだい》）、今《いま》の京都北部《きょうとほくぶ》の歴史《れきし》が書《か》かれた『丹後国《たんごのくに》風土記《ふどき》』などに、浦島伝説《うらしまでんせつ》が書《か》かれているよ。

そんなに昔《むかし》からあるんだ！

『御伽草子《おとぎぞうし》』で「太郎《たろう》」と命名《めいめい》される！

はじめから「太郎《たろう》」じゃなかったんだね。

室町時代《むろまちじだい》から江戸時代初期《えどじだいしょき》に書《か》かれた『御伽草子《おとぎぞうし》』という短編《たんぺん》小説集《しょうせつしゅう》の中《なか》で、主人公《しゅじんこう》に「太《た》郎《ろう》」という名前《なまえ》がついたんだ。『御伽草子《おとぎぞうし》』には「一寸法師《いっすんぼうし》」の話《はなし》も入《はい》っているよ。

伝説《でんせつ》の地《ち》もたくさん！

浦島伝説《うらしまでんせつ》ゆかりの土地《とち》は全国《ぜんこく》にいくつもあって、代表的《だいひょうてき》なのは京都《きょうと》の宇良神社《うらのかむやしろ》（浦嶋神社《うらしまじんじゃ》）、香川県《かがわけん》の荘内半島《しょうないはんとう》、神奈川県横浜市《かながわけんよこはまし》の慶運《けいうん》寺《じ》など。伝説《でんせつ》だからたくさんあるね。

近《ちか》くに伝説《でんせつ》の地《ち》があるか、調《しら》べてみようっと。

浦島太郎《うらしまたろう》は、乙姫様《おとひめさま》に玉手箱《たまてばこ》を開《あ》けてはいけないと言《い》われたのに開《あ》けてしまったんだよね。同《おな》じように、「開《あ》けてはいけないと言《い》われた箱《はこ》を開《あ》けてしまった物語《ものがたり》」として、ギリシャ神話《しんわ》に「**パンドラの箱《はこ》**」という話《はなし》があるよ！　聞《き》いたことあるかな？

課題《かだい》

2

「報告文《ほうこくぶん》」

学校生活《がっこうせいかつ》の中《なか》では、先生《せんせい》やクラスメイトに報告《ほうこく》するために文章《ぶんしょう》を書《か》くことがあるよね。その基本的《きほんてき》な書《か》き方《かた》をマスターしよう。

「報告文《ほうこくぶん》」にはいろいろあるね。ここでは、学級日誌《がっきゅうにっし》、活動報告書《かつどうほうこくしょ》、そして、何《なに》か悪《わる》いことをしてしまったときに書《か》く反省文《はんせいぶん》。

それぞれに書《か》く項目《こうもく》が決《き》まっているから、そのフォーマット（形式《けいしき》）に沿《そ》って書《か》くといいよ。

ただ、フォーマット通《どお》りに書《か》けばいいということではなく、何《なに》が大事《だいじ》なのか、なぜ書《か》くのかをしっかりおさえておこう。

ポイント

「報告《ほうこく》」にも、キミらしさを加《くわ》えることを忘《わす》れずに！

だれが書《か》いても同《おな》じ内容《ないよう》になる報告文《ほうこくぶん》ではつまらない。同《おな》じフォーマットを使《つか》っていても、書《か》く内容《ないよう》にはぜひ**「キミだけが気《き》づいたこと」**を加《くわ》えて、キミらしい報告文《ほうこくぶん》にしよう！

自分《じぶん》だけの「テーマ」を決《き》めて、みんなの様子《ようす》を観察《かんさつ》するのもいいね！

そっか。ただばくぜんと見《み》ているだけじゃ、気《き》づかないもんね。

学級日誌《がっきゅうにっし》の書《か》き方《かた》！

ステップ 1

学《が》級《っきゅう》日誌《にっし》はいろんなことに意識《いしき》を向《む》けながら、書《か》くんだ。意外《いがい》な発見《はっけん》があるといいね！

月《がつ》　　日《にち》（　　）	記入者《きにゅうしゃ》	
欠席者《けっせきしゃ》	遅刻者《ちこくしゃ》	早退者《そうたいしゃ》

理由《りゆう》がわかれば書《か》いておこう。

時間《じかん》	教科《きょうか》	授業中《じゅぎょうちゅう》の様子《ようす》
1時間目《じかんめ》	国語《こくご》	教室《きょうしつ》を見渡《みわた》すと○○君《くん》がノートを丁寧《ていねい》にとっていました。

いつもとちがった様子《ようす》があれば、それを書《か》くといいよ。

教室《きょうしつ》の様子《ようす》や、係活動《かかりかつどう》を一《いっ》生懸命《しょうけんめい》やっていた友《とも》だちのことを書《か》くといいかもね。

気《き》づいたこと	感想《かんそう》
今日《きょう》、早起《はやお》きして登校《とうこう》すると、○○君《くん》が亀《かめ》にエサをあげてくれていました。	○○がいつも亀《かめ》にエサをあげてくれているから、毎日《まいにち》、亀《かめ》は元気《げんき》なのだと思《おも》いました。

「特《とく》にありません」は禁止《きんし》！　日誌《にっし》を書《か》くことを意識《いしき》して、いろんなことに注意《ちゅうい》して見《み》ていると、何《なに》かしら書《か》くことはあるはずだからね。

来週日直《らいしゅうにっちょく》だから、授業中《じゅぎょうちゅう》のこととかしっかり見《み》ておかなきゃ。

ステップ 2

活動《かつどう》報告書《ほうこくしょ》の書《か》き方《かた》を学《まな》んで、読書週間《どくしょしゅうかん》や美化週間《びかしゅうかん》にいかそう！

ポイント 今回《こんかい》の活動報告《かつどうほうこく》とともに、「次《つぎ》」への課題《かだい》も盛《も》り込《こ》もう！

「～をしました」「～でした」という報告《ほうこく》はもちろん大事《だいじ》なんだけど、今回《こんかい》の報告書《ほうこくしょ》が、次《つぎ》に担当《たんとう》する友《とも》だちのヒントにもいかされるといいよね！　だから、「次《つぎ》はここをがんばる」とか、「次《つぎ》はこんなふうにしたらいいのでは」と、課題《かだい》も書《か》いてみよう。

○○活動《かつどう》についての報告書《ほうこくしょ》

1 活動《かつどう》の目的《もくてき》

2 活動期間《かつどうきかん》

3 活動内容《かつどうないよう》

4 活動《かつどう》の結果《けっか》

5 活動《かつどう》をしてよかったこと

6 活動《かつどう》についての反省点《はんせいてん》・課題《かだい》

7 感想《かんそう》

何《なん》のために活動《かつどう》するのかという「目的《もくてき》」をはじめに確認《かくにん》しておくことは、とても大切《たいせつ》だよ。

よかったことと反省点《はんせいてん》は、必《かなら》ずセットで書《か》こう！

数値《すうち》やグラフで示《しめ》せることがあったら、それも書《か》くとわかりやすいね。

ステップ **3**

反省文《はんせいぶん》も大切《たいせつ》！

反省文《はんせいぶん》の書《か》き方《かた》を学《まな》ぼう。よくなかったところを書《か》くとともに、改善策《かいぜんさく》も大事《だいじ》だよ！

1 何《なに》をしてしまったか

まずはじめに、「○○をしてしまい深《ふか》く反省《はんせい》しています」と書《か》くのがいいよ。

2 **1**の内容《ないよう》を具体的《ぐたいてき》に説明《せつめい》

いつ、どこで、何《なに》をしたという**1**についての詳《くわ》しい内容《ないよう》をここで書《か》こう。

3 なぜそれをしてしまったか

4 迷惑《めいわく》をかけた人《ひと》への謝罪《しゃざい》

キミのしたことで迷惑《めいわく》をかけてしまった人《ひと》がいたら、その人《ひと》への謝罪《しゃざい》の気持《きも》ちを書《か》こう。

5 自分《じぶん》のよくなかった点《てん》

6 次回《じかい》からの改善策《かいぜんさく》

反省《はんせい》してあやまるだけじゃなく、よくなかったところを自分《じぶん》なりに分析《ぶんせき》して、改善策《かいぜんさく》を考《かんが》えることが大事《だいじ》だよ。

ポイント 「反省《はんせい》」は「分析《ぶんせき》・改善《かいぜん》」と必《かなら》ずセット！

反省文《はんせいぶん》は「次《つぎ》に同《おな》じことを繰《く》り返《かえ》さないため」に書《か》くものなんだよ。だから、「次《つぎ》はこうする」という改善策《かいぜんさく》と決意《けつい》は必要《ひつよう》だね！

課題《かだい》
3

「キャッチコピーの作《つく》り方《かた》」

短《みじか》い言葉《ことば》で印象《いんしょう》に残《のこ》るのがキャッチコピー。作文《さくぶん》のタイトルをつけるのにも役立《やくだ》つから、練習《れんしゅう》してみよう。

テレビコマーシャルや、映画《えいが》の宣伝《せんでん》などで記憶《きおく》に残《のこ》っているキャッチコピーはあるかな？

「お、ねだん以上《いじょう》。」といえば、ニトリ。

「すぐおいしい、すごくおいしい。」といえば、日清食品《にっしんしょくひん》のチキンラーメン。

印象的《いんしょうてき》なキャッチコピーは、すぐに店名《てんめい》や商品名《しょうひんめい》が浮《う》かぶよね。

いい例《れい》を参考《さんこう》に、キミも作《つく》ってみよう！

ポイント

伝《つた》えたいものの特徴《とくちょう》を見抜《みぬ》く「目《め》」が重要《じゅうよう》！

キャッチコピーは、一言《ひとこと》（短《みじか》い言葉《ことば》）で良《よ》さを伝《つた》えるのがポイント。

そのためには、伝《つた》えたいもののいいところを見《み》つけ出《だ》すことが重要《じゅうよう》だよ。

- **ほかとはちがういいところ**
- **人《ひと》に知《し》らせたいいいところ**

を見抜《みぬ》く「目《め》」を養《やしな》おう！

まずは「いいとこ探《さが》し」だね！
ほかのものにはない特徴《とくちょう》を見《み》つけるってことだね。

キャッチコピーを作《つく》ってみよう！

ステップ 1

例《れい》を参考《さんこう》に、「～すぎる」や「～い」と韻《いん》をふんでいるコピーを作《つく》ってみよう！

例《れい》1 「うまい、うますぎる」
（十万石《じゅうまんごく》）

「～すぎる」を使《つか》って、右《みぎ》の写真《しゃしん》の子犬《こいぬ》たちのキャッチコピーを作《つく》ってみよう！

「　　　　　　　　　　すぎる」

例《れい》2 「うまい、やすい、はやい」
（吉野家《よしのや》）

「～い」という形容詞《けいようし》を三《みっ》つ使《つか》って、右《みぎ》の写真《しゃしん》のケーキのキャッチコピーを作《つく》ってみよう！

写真：Assaf Frank/ アフロ

「　　　　い、　　　　い、　　　　い」

テレビとか
マンガでも、
おもしろい言葉《ことば》は
たくさんあるもんね。

「マネ」は上達《じょうたつ》の
第一歩《だいいっぽ》！「いいなあ」
「おもしろいなあ」と
思《おも》った言葉《ことば》は
メモしておいて、
いつか自分《じぶん》でも
使《つか》ってみよう！

ステップ 2

例《れい》を参考《さんこう》に、キミ自身《じしん》のキャッチコピーを作《つく》ってみよう！　これがあれば、自己紹介《じこしょうかい》の時《とき》にも使《つか》うことができるね。

例《れい》「NO《ノー》 MUSIC《ミュージック》, NO《ノー》 LIFE《ライフ》.」（タワーレコード）

直訳《ちょくやく》すると、「音楽《おんがく》がなければ、人生《じんせい》はない」。つまり「音楽《おんがく》なしでは生《い》きていけない」という意味《いみ》。
そこには音楽《おんがく》があることで気持《きも》ちや生活《せいかつ》が豊《ゆた》かになる、というメッセージが込《こ》められているんだ。

キミにとって、「これがなければ生《い》きていけない」というものを、「NO《ノー》 マンガ」みたいに日本語《にほんご》でもいいからいれてみよう。

「NO《ノー》　　　　　　　　　　　　　　, NO《ノー》 LIFE《ライフ》.」

え〜、何《なん》だろう？
家《いえ》とか家族《かぞく》はなかったら困《こま》るし、
お金《かね》とか？
あとは、友《とも》だちも大事《だいじ》だし……。
一言《ひとこと》では言《い》えないよー！

食《た》べ物《もの》もなかったらたいへんだよね。
でも、パンも好《す》きだしご飯《はん》も好《す》きだし、
とんかつとかコロッケも好《す》きだし……。
あれ？　こんなことでもいいのかな？

ここでは「たとえば」の話《はなし》だから、マジメなことも
ギャグっぽいことも、なんでも思《おも》いついたものを当《あ》てはめてみよう！　そして、キミが「いいな」と思《おも》ったフレーズは、どんどん使《つか》っていこう！　自分《じぶん》にとって大切《たいせつ》なものを考《かんが》えるっていうのは、いいことだからね。

ステップ

3

写真《しゃしん》にキャッチコピーをつけよう！

左《ひだり》の写真《しゃしん》にキャッチコピーをつけてみよう。セリフを想像《そうぞう》してみるとアイディアも広《ひろ》がるね！

スーパーヒーロー

写真：ufabizphoto/PIXTA（ピクスタ）

親《おや》子《こ》の猿《さる》

写真：pattierstock/PIXTA（ピクスタ）

ボディビルダー

写真：Fast&Slow/PIXTA（ピクスタ）

課題《かだい》 4

「手紙《てがみ》の書《か》き方《かた》」

手紙《てがみ》は、キミの心《こころ》がこもっているのかが大切《たいせつ》。手紙《てがみ》に「まちがい」はないけれど、ここでは目上《めうえ》の人《ひと》に書《か》く手紙《てがみ》の基本《きほん》を学《まな》ぶよ。

友《とも》だちや親《した》しい人《ひと》への手《て》紙《がみ》は、自分《じぶん》の思《おも》いのままに書《か》けるよね。

でも、あらたまった手紙《てがみ》を書《か》くときには、何《なに》からどう書《か》いていいかわからないかもしれない。

手紙《てがみ》の「基本《きほん》のキ」を知《し》っておくと、目上《めうえ》の人《ひと》への手紙《てがみ》も書《か》けるようになるし、大人《おとな》になっても役《やく》に立《た》つよ。

ポイント

キミと相手《あいて》とのエピソードを入《い》れて、「顔《かお》の見《み》える手紙《てがみ》」に！

しばらく会《あ》っていない目上《めうえ》の人《ひと》に手紙《てがみ》を書《か》くときのポイント。

❶ 時候《じこう》（季節《きせつ》）のあいさつ
❷ 相手《あいて》への気遣《きづか》い（お変《か》わりありませんか、など）
❸ 近況報告《きんきょうほうこく》（最近《さいきん》の自分《じぶん》のこと）
❹ 相手《あいて》とのエピソード、思《おも》い出《で》
❺ 締《し》めのあいさつ（またお会《あ》いできる日《ひ》を楽《たの》しみにしております、など）

ここで大事《だいじ》なのは❹の「エピソード、思《おも》い出《で》」。これがあると相手《あいて》もキミのことを思《おも》い出《だ》してくれるし、「また会《あ》いたいなあ」と思《おも》ってくれる。手紙《てがみ》の文面《ぶんめん》から、キミの顔《かお》を思《おも》い浮《う》かべてくれるよ。

手紙《てがみ》の約束事《やくそくごと》とは？

ステップ 1

手紙《てがみ》を書《か》くときには、約束事《やくそくごと》があるよ。目上《めうえ》の人《ひと》への手紙《てがみ》やあらたまった手紙《てがみ》を書《か》くときには必要《ひつよう》なことだから、知《し》っておこう。

頭語《とうご》と結語《けつご》

「頭語《とうご》」は手紙《てがみ》の一番《いちばん》はじめに書《か》く言葉《ことば》。「ここから手紙《てがみ》がはじまります」という意味《いみ》。「結語《けつご》」は「これで手紙《てがみ》は終《お》わります」という意味《いみ》。対《つい》になる言葉《ことば》だから、覚《おぼ》えておこう。

頭語《とうご》	↓ 結語《けつご》
拝啓《はいけい》	敬具《けいぐ》
拝呈《はいてい》	敬白《けいはく》
啓上《けいじょう》	敬具《けいぐ》
謹啓《きんけい》	謹言《きんげん》
一筆申《いっぴつもう》し上《あ》げます	かしこ（女性《じょせい》が使《つか》う言葉《ことば》）

時候《じこう》のあいさつ

四季《しき》を大切《たいせつ》にする日本《にほん》では、季節《きせつ》ごとのあいさつがあるよ。新《あたら》しい季節《きせつ》が来《く》ることをたがいによろこびあうという意味《いみ》があるんだね。

春《はる》 春暖《しゅんだん》の候《こう》／すっかり春《はる》めいてまいりました。

夏《なつ》 盛夏《せいか》の候《こう》／夏《なつ》らしい空《そら》になってきました。

秋《あき》 初秋《しょしゅう》の候《こう》／秋晴《あきば》れが続《つづ》く今日《きょう》このごろです。

冬《ふゆ》 初霜《はつしも》の候《こう》／めっきり寒《さむ》くなりました。

ステップ 2

①の頭語《とうご》・結語《けつご》と時候《じこう》のあいさつを使《つか》って、「春《はる》、新学年《しんがくねん》になったことを、遠《とお》くで暮《く》らす親戚《しんせき》に伝《つた》える」手紙《てがみ》を書《か》いてみよう。

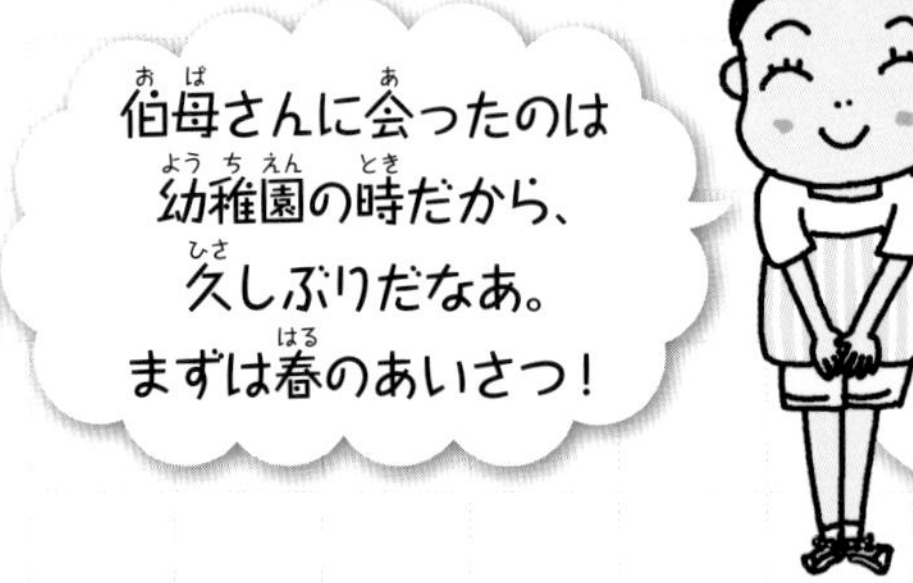
伯母《おば》さんに会《あ》ったのは
幼稚園《ようちえん》の時《とき》だから、
久《ひさ》しぶりだなあ。
まずは春《はる》のあいさつ！

前《まえ》に会《あ》った時《とき》に
もらったおみやげの
お菓子《かし》、おいしかった！
そのことも書《か》こうっと。

例《れい》文《ぶん》から学《まな》ぼう！

ステップ 3

左《ひだり》に挙《あ》げたのは、有名《ゆうめい》な人《ひと》たちの手紙《てがみ》の一部《いちぶ》。思《おも》いがとてもよく伝《つた》わるね。

かなしみはちからに、
欲《ほ》りはいつくしみに、
いかりは
智慧《ちえ》にみちびかるべし。

宮沢賢治《みやざわけんじ》

自分《じぶん》でもどうにもならない悲《かな》しみや怒《いか》りをどうするか、という賢治《けんじ》なりの考《かんが》えを書《か》いたんだね。

牛《うし》になる事《こと》はどうしても必要《ひつよう》です。われわれはとかく馬《うま》になりたがるが、牛《うし》にはなかなかなり切《き》れないです。

夏目漱石《なつめそうせき》

漱石《そうせき》が弟子《でし》たちに宛《あ》てた手紙《てがみ》で、あせらず、牛《うし》のようにゆっくりと努力《どりょく》しなさい、という意味《いみ》だよ。

はやくきてくだされ
はやくきてくだされ
いしよのたのみて ありまする

野口《のぐち》シカ（野口英世《のぐちひでよ》の母《はは》）

アメリカにいる英世《ひでよ》に会《あ》いたくて、「一生《いっしょう》の頼《たの》み」だから早《はや》く帰《かえ》ってきてという母《はは》の思《おも》いがあふれているね。

第二回《だいにかい》の芥川賞《あくたがわしょう》は、
私《わたし》に下《くだ》さいますよう、
伏《ふ》して懇願《こんがん》申《もう》しあげます。

太宰治《だざいおさむ》

太宰《だざい》が、芥川賞《あくたがわしょう》の選考委員《せんこういいん》の佐藤春夫《さとうはるお》に書《か》いた手紙《てがみ》。芥川賞《あくたがわしょう》にかける太宰《だざい》の切実《せつじつ》さがわかるね。

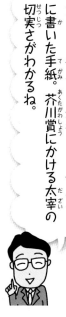

おわりに

最後《さいご》まで読《よ》んで、課題《かだい》にチャレンジしてみて、どうだったかな？書《か》くことの苦手意識《にがていしき》は、少《すこ》しは克服《こくふく》できたかな？

文章《ぶんしょう》を書《か》くことは、社会人《しゃかいじん》になっても必要《ひつよう》だよ。会社《かいしゃ》でレポートを書《か》いたり、新《あたら》しい職場《しょくば》で自己紹介文《じこしょうかいぶん》を書《か》いたり、事《こと》あるごとに書類《しょるい》の提出《ていしゅつ》を求《もと》められるからね。

そんなときに、「ああ、小学生《しょうがくせい》のときに『文章力《ぶんしょうりょく》』っていう本《ほん》を読《よ》んだなあ」と思《おも》い出《だ》して、ちょっとでも気持《きも》ちがラクになったらうれしいな。

書《か》くのが苦手《にがて》な人《ひと》はたくさんいるけど、まったく何《なに》も書《か》けないという人《ひと》は、じつはほとんどいないと思《おも》うんだ。

書《か》けないというのは、「書《か》く力《ちから》がない」のではなく、実際《じっさい》は「書《か》く勇気《ゆうき》がない」んじゃないかな。

ある学力《がくりょく》テストで、「博物館《はくぶつかん》に見学《けんがく》に行《い》くときに、事前《じぜん》に確認《かくにん》することを文章《ぶんしょう》で書《か》きなさい」という問題《もんだい》が出《で》たんだ。キミならなんて書《か》くかな？

「必要《ひつよう》な持《も》ち物《もの》は何《なん》ですか?」「写真《しゃしん》は撮《と》ってもいいですか?」など、思《おも》いつくことはあるよね。でも実際《じっさい》のテストでは、空欄《くうらん》のまま提出《ていしゅつ》した人《ひと》も多《おお》かったんだって。

つまり、「何《なに》を書《か》くか」はわかっているけれど、「書《か》く勇気《ゆうき》」がないんだよね。「書《か》けない」というより「書《か》かない」という感《かん》じかな。でも、テストの結果《けっか》としては「問題《もんだい》ができなかった(＝書《か》けなかった)」となるよね。

これはもったいない!

気持《きも》ちをラクにして、「書《か》く勇気《ゆうき》」を持《も》てば、原稿用紙《げんこうようし》を前《まえ》にしても、恐《こわ》くなくなるよ。

この本《ほん》を通《とお》して、まずは空欄《くうらん》をうめて書《か》いてみるということができたなら、もう大丈夫《だいじょうぶ》。苦手《にがて》な人《ひと》も書《か》くことが楽《たの》しみに変《か》わるはずだから、まずは勇気《ゆうき》を持《も》って文章《ぶんしょう》を書《か》いてみよう!

【著者紹介】

齋藤 孝（さいとう・たかし）

1960年静岡県生まれ。明治大学文学部教授。専門は教育学、身体論、コミュニケーション技法。著書に『呼吸入門』『上機嫌の作法』『三色ボールペン情報活用術』『語彙力こそが教養である』(以上、角川新書)、『だれでも書ける最高の読書感想文』(角川文庫)、『カンタン！　齋藤孝の最高の読書感想文』(角川つばさ文庫)、『１日１ページで身につく！　小学生なら知っておきたい教養３６６』(小学館)、『声に出して読みたい日本語』(草思社)、『雑談力が上がる話し方』(ダイヤモンド社)、など多数。
本書シリーズに『小学3年生から始める！こども知識力1200 学習意欲が育ち、5教科に自信がつく』『小学3年生から始める！こども語彙力1200 考える力が育ち、頭がグングンよくなる』『自分で決められる人になる！　超訳こども「アドラーの言葉」』『絶対に負けない強い心を手に入れる！　超訳こども「ニーチェの言葉」』『無限の可能性を引き出す！　超訳こども「アインシュタインの言葉」』(以上、KADOKAWA) がある。
NHK Eテレ「にほんごであそぼ」総合指導。

「なにを書《か》けばいいかわからない…」が解決《かいけつ》！

こども文《ぶん》章《しょう》力《りょく》

2021年7月26日　初版発行
2023年3月30日　4 版発行

著　者　齋藤《さいとう》　孝《たかし》

発行者　山下　直久

発　行　株式会社KADOKAWA
〒102-8177　東京都千代田区富士見2-13-3
電話　0570-002-301（ナビダイヤル）

印刷所　凸版印刷株式会社

●お問い合わせ
https://www.kadokawa.co.jp/（「お問い合わせ」へお進みください）
※内容によっては、お答えできない場合があります。
※サポートは日本国内のみとさせていただきます。
※Japanese text only
定価はカバーに表示してあります。

978-4-04-605236-0　C6081